L'ESPACE POLITIQUE DE L'AFRIQUE FRANCOPHONE EN QUESTION
(vingt-cinq ans après le Sommet de La Baule)

ALPHA AMADOU SY

L'ESPACE POLITIQUE DE L'AFRIQUE FRANCOPHONE EN QUESTION

(vingt-cinq ans après le Sommet de La Baule)

Préface de Mame Less Camara

Sénégal
L'Harmattan

Du même auteur

***A/En collaboration avec Mamadou Abdoulaye Ndiaye** :*

- *Africanisme et théorie du projet social, Éditions L'Harmattan, « Collection Sociétés africaines et diaspora », Paris, janvier 2001, 320 pages, Préface de Amady Aly Dieng ;*
- *Les Conquêtes de la citoyenneté, Essai politique sur l'Alternance, Dakar, Éditions Sud Communication, mars 2003, 110 pages, Préface de Babacar Touré ;*
- *L'Afrique face au défi de la modernité. (La quête d'identité et la mondialité), Dakar, Éditions Panafrika/Silex/Nouvelles du Sud, novembre 2006, 286 pages, Préface de Amady Aly Dieng ;*
- *Esthétique négro-africaine et quête d'universalité ou quelques considérations sur l'œuvre de Kalidou Kassé, Dakar, Éditions Panafrika/Silex/Nouvelles du Sud, octobre 2007, traduit en anglais par le Professeur Badara Sall, 82 pages avec une quinzaine de tableaux ;*
- *La Presse et le jeu politique au Sénégal, Inédit.*

B/En solo :

- *L'imaginaire saint-louisien (domou n'dar), à l'épreuve du Temps, 92 pages ; Thiès, Fama Éditions, décembre, 2009 ; 2ème édition, Paris, L'Harmattan, octobre 2014 ;*
- *L'Afrique et le défi républicain. Une lecture des élections sénégalaises de mars 2009, Paris, Éditions l'Harmattan, avril 2011, 269 pages, Préface de Amady Aly Dieng ;*
- *Le 23 juin au Sénégal (ou La souveraineté reconquise), Éditions l'Harmattan, Paris, janvier 2012, 154 pages, Préface de Mame Less Camara ;*
- *Les élections présidentielles de mars 2012 au Sénégal, le triomphe de la volonté populaire, Paris, avril 2013, aux éditions l'Harmattan ;*
- *Un pas dans l'univers de la philosophie, Paris, L'Harmattan, octobre 2015, 170 pages ;*
- *Élégie pour l'Espérance (poésie) À paraître*

10 VDN, Sicap Amitié 3, Lotissement Cité Police, DAKAR

http://www.harmattansenegal.com
senharmattan@gmail.com
senlibrairie@gmail.com

ISBN: 978-2-343-12240-3
EAN: 9782343122403

Aux journalistes Babacar Touré et Mame Less Camara.

Et à travers eux, tous les professionnels de l'Information et de la Communication qui se sont pleinement investis de la double mission de la défense des intérêts matériels et moraux de leur corporation, et de la lutte pour l'instauration d'un véritable État de droit.

Je tiens à remercier très chaleureusement :

- Amady Aly Dieng (à titre posthume) et Babacar Touré, pour leur soutien originel à cette aventure intellectuelle ;

- Mon ami et promotionnaire du Département de philosophie de l'Université de Dakar, Mame Less Camara, pour, entre autres, avoir accepté de rédiger la préface de cet ouvrage ;

- Abdoukhadre Diallo, Samba Diao, Ahmet Gaye, Arona Dia et Tafsir Abdoul Sy pour avoir lu et relu ce texte avec rigueur et générosité ;

- Tous les amis qui se reconnaîtront aisément ;

- Gamou Sy Mbodj et ses enfants miens, pour cette atmosphère fortement teintée de compréhension, d'affection et de sérénité, et si exceptionnellement propice à la production intellectuelle.

PRÉFACE

L'effervescence politique et institutionnelle qui s'est saisie de l'Afrique depuis la dernière décennie du XXème siècle résulte de l'onde de choc, partie de l'éclatement et de l'effondrement du bloc soviétique. Les conséquences de ce bouleversement n'ont épargné aucune partie du monde et le continent a accusé le coup plus que partout ailleurs. Les États, puissants ou faibles, ont dû se réadapter à la nouvelle situation en remaniant, tout à la fois et en profondeur, leur fonctionnement interne et leurs relations avec l'extérieur.

Ce changement de paradigme a été amplifié par l'impatience d'acteurs qui poussaient à la retraite la France dont la mission de gendarme de l'Occident auprès de ses ex-colonies était arrivée à terme dès la disparition de la menace de l'invasion communiste. Paris a été, de ce point de vue, l'une des premières victimes de la chute du Mur de Berlin, car tous les avantages que lui procurait le fameux « pré-carré » étaient remis en cause par la nouvelle distribution des cartes. Le jeu était ouvert à de nouveaux participants devenus tout aussi légitimes que l'Hexagone qui bénéficiait jusque-là des rentes de son passé colonial.

Un nouveau multilatéralisme, surgi des décombres du Mur de Berlin et déduit des règles de la mondialisation, s'est imposé comme modèle de coopération entre la France et ses anciennes colonies africaines. Son acte fondateur a été le discours prononcé par le président français François Mitterrand à l'occasion du sommet France-Afrique tenu à la Baule, en 1990. À cette occasion, les vertus de la gouvernance se sont substituées aux habituels rappels des avantages du bon leadership français et aux annonces de remises de dettes à des États le plus souvent en déroute financière et qui n'avaient pas, de toute manière, les moyens de payer.

Les modalités de mise en œuvre de ce cours nouveau ont été les conférences nationales souveraines, particulièrement pour les États dont le déficit démocratique était important. Des dirigeants africains ont inventé ruses et astuces pour dévier du chemin vers la démocratie en falsifiant les procédures et en caricaturant les modalités. Différentes techniques de contournement ont été employées, allant des tentatives de passages en force aux dévolutions dynastiques et aux transmissions internes du pouvoir, selon des voies plus ou moins pacifiques. Ce dernier cas de figure a réussi au Togo et au Gabon. Il est en bonne voie en Guinée équatoriale mais n'a pas prospéré au Sénégal.

Alpha Amadou Sy souligne à ce propos que « la méprise de [Paris] c'est que, désormais, c'est moins la France que l'Union européenne qui décide des grandes orientations à imprimer aux relations avec le continent noir ». Américains et Chinois, dont la présence sur le continent était déjà forte, n'entendaient plus « laisser l'Afrique entre les mains des seuls Européens », tandis que d'autres pays émergents poussaient pour que la France ouvre son domaine réservé aux libertés du marché.

Alpha Amadou Sy place ce bouillonnement sous la loupe et examine les phases de l'évolution accélérée de l'Afrique, singulièrement les anciennes colonies de la France, vers la démocratie, certes imposée du dehors, mais pour laquelle se battaient déjà à l'interne les oppositions politiques et les sociétés civiles. L'annonce de cette seconde indépendance octroyée n'a pas suscité l'enthousiasme que l'on eût pu attendre. Beaucoup de chefs d'État africains n'envisageaient pas de s'aventurer dans l'inconnu de la démocratie, c'est-à-dire le respect de la volonté populaire, de l'alternance, le cas échéant, des droits de l'homme et d'autres points du dispositif de la gouvernance comme, par exemple, la limitation des mandats présidentiels.

L'auteur souligne comment « la sommation à instaurer l'État de droit a subrepticement versé dans le culte des institutions ». Il y en a souvent profusion sans efficacité, sauf l'institution présidentielle exagérément renforcée au point de vassaliser toutes les autres. Les constitutions font l'objet de continuelles retouches et réformes alors que, rappelle A A Sy, citant le philosophe Montesquieu, on ne devrait y toucher que « les mains tremblantes ». Force est, malheureusement, de déplorer que la réforme constitutionnelle soit ravalée au rang de simple jeu de vilain, c'est-à-dire de jeu de mains.

Plus d'un quart de siècle après les conférences nationales nées, en partie, de la chute du Mur de Berlin, la moisson des semailles de ces assises organisées dans plusieurs pays du continent n'incite point à l'optimisme. La stagnation des institutions, le désir des dirigeants africains de s'éterniser au pouvoir transforment les périodes électorales en moments de tension et l'exercice des libertés en prises de risques périlleuses pour les citoyens.

Pourtant, la démocratie, la culture républicaine et la bonne gouvernance sont des conditions nécessaires pour sortir de la misère et du sous-développement. Le constat avait déjà été fait, mais le philosophe Alpha Amadou Sy le reformule à la lumière d'un nouveau départ qui pourrait être le dernier, donc celui que l'Afrique ne doit absolument pas rater. La réalisation d'un destin de liberté et de dignité est à ce prix. La préservation du continent aussi, face à des prédateurs qui ne font pas mystère de leurs appétits.

Ce livre est écrit pour qu'on n'ait plus à revenir sur son contenu et ses analyses. Les urgences sont identifiées et les priorités agencées. C'est une requête pour qu'enfin s'ouvre pour l'Afrique le temps de l'action.

Mame Less Camara

INTRODUCTION

Le XVIème Sommet franco-africain, accueilli par la Baule, en juin 1990, avait débouché sur cette sommation : se mettre à l'ère de la démocratisation, sous peine d'être privé des aides, dons et crédits. Pour être en phase avec la normalité républicaine, les États africains francophones avaient, en fonction de leurs spécificités, emprunté ces deux trajectoires : l'organisation de conférences nationales et la tenue de consultations électorales fiables et transparentes.

Dans ce contexte, se déclencha un puissant vent de démocratisation dont le champ était quasiment l'intégralité de l'espace de l'Afrique francophone. Les conférences nationales, notamment, de par leur originalité, l'espérance qu'elles avaient suscitée et la passion qu'elles avaient charriée, avaient, disions-nous[1], généré une effervescence salvatrice pour le continent. L'enthousiasme, qui en constituait le corollaire, était tellement impressionnant que Fabien Éboussi Boulaga avait cédé à la tentation d'en relever le caractère sublime. Mieux, à la manière d'un Hegel tombant littéralement sous les charmes de la Révolution française, le philosophe camerounais avait salué ces assises inédites en terre africaine, comme « *la révélation d'un nouvel esprit, un signal lumineux que (leur) lançait l'avenir* ».[2]

Mais ces transitions démocratiques révèleront très vite, et au grand jour, leurs limites. L'idéal républicain a vite été

1 Alpha Amadou Sy, *L'Afrique et le défi républicain, Une lecture des élections sénégalaises de 2009*, chapitre X, Des transitions démocratiques à la durée de vie d'une fleur, Paris, Éditions l'Harmattan, 2011, p.213.

2 Fabien Éboussi Boulaga, *Les conférences nationales en Afrique noire*, Paris, Éditions Karthala, 1993, p. 9.

rattrapé par l'esprit conservateur qui s'est redéployé avec une ingéniosité insoupçonnée. Ainsi, l'instauration du multipartisme, l'avènement du renouveau médiatique, l'adoption de nouvelles constitutions, souvent assorties de la clause limitative à deux mandats présidentiels, et l'organisation de scrutins plus ou moins fiables, furent vidés de leur essence. Ils devinrent rapidement l'objet d'une manipulation qui édifie suffisamment sur le fait que l'autoritarisme politique avait réussi la prouesse de se faire une nouvelle virginité en se parant du prêt-à-porter institutionnel.

Ce retour en force de l'autoritarisme politique, dans le contexte exceptionnel de projet d'instaurer l'État de droit, a su prospérer en s'alimentant de nouvelles pratiques des plus perverses pour le processus de la démocratisation. Participent de celles-ci le tripatouillage constitutionnel, la dévolution monarchique du pouvoir et un certain type de mobilité des acteurs politiques, lesquels s'autorisent, pour ainsi dire, à faire, sans coup férir, la navette entre l'espace du pouvoir et le camp de l'opposition politique.

Il s'y ajoute que l'évolution des États africains avait débouché sur un malentendu parfois aux accents tragiques. Alors que les classes dirigeantes africaines et leurs partenaires au développement versent dans le fétichisme des chiffres quand ils évaluent la croissance, les peuples africains, eux, persistent à ne mesurer le taux de croissance autrement qu'à l'aune de ses retombées effectives sur leur pouvoir d'achat !

Partant, plus d'un quart de siècle après la sommation du Sommet de la Baule, et au regard des zones de turbulence que traversent le Burundi, la Centrafrique, le Gabon, les deux Congo, le Tchad, le Togo, le Mali et le Cameroun, il est difficile d'admettre que la démocratisation a tenu l'essentiel de la promesse de ses fleurs. Même des pays, comme la Côte d'Ivoire, le Bénin, le Burkina Faso, la Guinée, voire le Sénégal, qui s'inscrivent progressivement dans la normalité républicaine, présentent des symptômes alarmants, lesquels renseignent sur les difficultés à combler l'immense déficit démocratique.

Cette situation bien spécifique à l'espace de l'Afrique noire francophone atteste-t-elle de l'aversion des peuples de cette zone géopolitique à l'endroit de l'idéal démocratique ? Qu'est-ce qui, en dernière instance, hypothèque l'ancrage des principes républicains dans le réel politique de cette partie du continent ? Quelles sont les forces d'inertie qui empêchent le projet démocratique d'être porté par des peuples dont l'aspiration à la dignité est consignée par les hauts faits d'armes qui imprègnent densément leur histoire ? En un mot comme en mille : quelle est la vérité des contradictions qui essaiment dans l'Afrique noire francophone.

S'il est vrai que la transformation de tout réel suppose, pour reprendre Marx, l'intelligence des lois qui président à son évolution, alors la réponse à ces interrogations devient une exigence du moment. Aussi, nous proposons-nous, dans ce livre, de contribuer à en fournir des éléments de réponse, en questionnant, d'un même mouvement, le discours de la Baule et les différentes expériences politiques en cours dans l'essentiel des pays de cette partie du continent.

Nous démarquant aussi bien du juridisme ambiant que du culturalisme réducteur, nous nous efforcerons de mettre à contribution la théorie de la connaissance, matrice du mode de pensée philosophique. En plus de l'esprit de libre examen qu'il promeut, cet ordre du savoir a l'avantage de placer le chercheur dans des conditions intellectuelles idoines pour tirer profit du fruit des travaux effectués dans des domaines aussi complexes et riches que le droit, la science politique, l'anthropologie, l'histoire, voire les sciences dites exactes. Or cette dimension est on ne peut plus déterminante dans la mesure où le réel, pour être un, ne se déploie pas moins sous plusieurs formes.

Notre initiative est commandée par cette prise de conscience : les ruptures à initier pour baliser à l'Afrique la voie du développement économique et du progrès social trouvent l'une de leurs conditions de possibilité dans la capacité de l'intelligentsia africaine, elle-même, à penser avec souveraineté, c'est-à-dire hors des champs de réflexion circonscrits par les tenants de l'idéologie de la domination. Cette intelligentsia fera œuvre d'émancipation, en cessant d'avoir le sentiment d'être dans l'abîme chaque fois qu'elle refuserait de laisser l'Autre décider pour les Africains et à la place des Africains.

Évidemment, au regard du bien redoutable rouleau compresseur que constitue la puissance des forces de la domination, cette perspective a peu de chance de triompher. Pour en être édifié, nous avons, dès *Africanisme et théorie du projet social*[3], mis à profit le concept d'utopie comme lieu de cristallisation de cette incontournable rupture.

En tout état de cause, cette disposition d'esprit, l'intelligentsia ne saurait s'interdire de se l'approprier si tant est qu'elle est résolue à assumer ses tâches générationnelles dont la moindre n'est sans doute pas tout réussir en évitant « de singer l'Europe », pour parler comme l'auteur des *Damnés de la terre*[4].

---

[3] Mamadou Abdoulaye Ndiaye et Alpha Amadou Sy, *Africanisme et théorie du projet social*, chapitre IX Pour que l'utopie demeure, Paris, Éditions l'Harmattan, 2000, Paris, p. 295.

[4] Frantz Fanon, Les damnés de la terre : « *... Allons camarades, le jeu européen est définitivement terminé. Il faut trouver autre chose. Nous pouvons tout faire aujourd'hui à condition de ne pas singer l'Europe, à condition de ne pas être obsédés par le désir de rattraper l'Europe.* » Éditions Maspero, 1961, p.240.

I

LA SOMMATION DU SOMMET DE LA BAULE

L'effondrement du Mur de Berlin, en novembre 1989, n'est pas un événement de portée uniquement européenne, encore moins allemande. Son impact déborde très largement la sphère continentale. Pour rappel, sa construction est demeurée l'expression la plus symbolique d'un monde bipolaire issu de la Conférence de Yalta en 1945. Par conséquent, loin de se réduire en une simple frontière artificielle séparant une seule et même ville, Berlin, elle a été la configuration matérielle de la confrontation entre deux entités géopolitiques.

La première est constituée des pays occidentaux[5] qui revendiquent l'État démocratique et son corollaire, à savoir l'économie de marché, et ceux de l'Est qui tiennent leur identité du socialisme et de la démocratie populaire. Ces deux pôles avaient comme têtes de file, respectivement, les États-Unis d'Amérique (USA) et l'Union des Républiques Socialistes Soviétiques (URSS). Ces deux « Superpuissances », grandes bénéficiaires de la Seconde

---

[5] Dans son ouvrage *L'Europe et le mythe de l'Occident, La construction d'une histoire* », Paris, Éditions s La Découverte, septembre 2009, Georges Corn a essayé d'expliquer les facteurs qui ont concouru à la configuration de l'espace européen. Mieux, il a mis en évidence le glissement sémantique du concept d'Occident, au contenu géographique est venue se superposer une charge politique voire idéologique. Dans ce texte, nous ferons nôtre cette approche qui a l'avantage de se démarquer du géographisme qui occulte la réalité des différents courants sociaux qui se posent en s'opposant dans l'espace occidental.

conflagration mondiale, entretiendront, à l'échelle du globe, une rivalité sans précédent. Mais dans la mesure où cette concurrence exacerbée se traduira par des foyers de tension bien localisés, permettant du coup de faire l'économie d'une confrontation directe, elle prendra le nom de « *Cold War*, guerre froide ».[6]

Dès lors, l'affaissement de l'immense Empire soviétique, que symbolise la chute du « Mur de la honte », attestait de la victoire des vents d'Ouest sur les vents d'Est.[7] Autrement dit, c'est la fin d'un cycle dont la configuration a été dessinée à Yalta en 1945. S'ouvre dorénavant un nouvel ordre mondial sous la houlette des USA. Il s'imprime une spécificité, en faisant de la promotion de l'État de Droit sur l'intégralité de la planète terrestre son credo. Par voie de conséquence, sonner le glas de l'autoritarisme politique est élevé au rang d'impératif catégorique. Sont, de ce fait, ciblés les pays dits en voie de développement, mis en demeure de se prêter au pluralisme politique.

Cette alternative prend cette formulation sous la plume de Roland Dumas : « *Le vent de liberté qui a soufflé à l'Est devra inévitablement souffler un jour en direction du Sud (...) Il n'y a pas de développement sans démocratie et il n'y a pas de démocratie sans développement* ».[8] Toutefois, une chose est de mettre le curseur sur la nécessité de l'alternative républicaine, et toute autre est de convaincre les Chefs d'État africains de l'urgence de s'inscrire dans cette dynamique que structure désormais le binôme Démocratie/Développement.

---

6 C'est en 1945, sous la plume de l'écrivain anglais George Orwell, que l'expression apparaît pour la première fois, https://fr.wikipedia.org /wiki/Guerre_froide.

7 Dans la littérature des communistes d'obédience chinoise un des slogans étaient de pronostiquer la victoire de leur camp sur celui des libéraux par cette métaphore : « *Les vents d'Est l'emporteront sur les vents d'Ouest* ».

8 Roland Dumas, https://fr.wikipedia.org/wiki/Discours_de_La_Baule.

Un pays comme la France, fort édifié sur les réticences voire les résistances contre une telle reconversion politique et idéologique, n'a guère lésiné sur les moyens en pesant de tout son poids pour réussir le changement de cap. Participe de cet esprit, la tenue du XVIème Sommet franco-africain, à La Baule, en juin 1990. Sont invités à prendre part à ces Assises, les plus hauts représentants de trente-sept pays, différents de par leurs liens historiques avec la France, de par leur sensibilité idéologico-politique et de par leur rapport avec la langue de Molière. S'ajoute à cette assemblée composite, la différence des profils et même des légitimités dont se prévalaient les homologues du président de la République française d'alors, Monsieur François Mitterrand : qui Général des armées, qui président civil, qui roi !

Néanmoins, ces participants, dont la diversité frise l'hétérogénéité, scellent leur unité conjecturelle à partir de leur commun intérêt porté à la résolution de la question à l'ordre du jour : quel avenir pour les relations franco-africaines ? Une interrogation dont la légitimité résulte des effets conjugués de deux facteurs.

Le premier renvoie à la virulence de la critique contre ce qui est communément appelé la Françafrique[9]. Sous la plume de François Mitterrand, ce problème est ainsi énoncé : eu égard aux « *campagnes qui se développent, un peu partout*

---

[9] François-Xavier Verschaft en propose cette définition : elle « *désigne une nébuleuse d'acteurs économiques, politiques et militaires, en France et en Afrique, organisée en réseaux et lobbies, et polarisée sur l'accaparement de deux rentes : les matières premières et l'aide publique au développement. La logique de cette ponction est d'interdire l'initiative hors du cercle d'initiés. Le système, autodégradant, se recycle dans la criminalisation. Il est naturellement hostile à la démocratie. Le terme évoque aussi la confusion, une familiarité domestique louchant vers la privauté.* », cité dans son article, France-Cameroun, in *La Françafrique, le plus long scandale de la république*, Paris, Édition Stock, 1998, p. 175.

dans le monde, contre la politique de la France faut-il que la France renonce afin de ne plus être exposée aux critiques nombreuses qui la frappent ? »[10]

Le souci des Africains apparaît avec un relief particulier compte tenu des mutations profondes en cours dans les pays de l'Est, progressivement libérés du joug soviétique. La crainte, aux allures obsessionnelles de ses pairs africains, bien perçue par le président français, est de voir les capitaux se détourner du continent pour emprunter le chemin qui mène aux ex-démocraties populaires. Même si la réponse à la question intéresse au plus haut point la totalité des protagonistes de la coopération franco-africaine, il est revenu au seul François Mitterrand d'en fournir l'élément de réponse.

Pour ce faire, il déroule un argumentaire qui s'articule sur un diagnostic de la situation économique de l'Afrique, sur les incompréhensions en l'état actuel de la coopération pour déboucher sur l'exigence d'instaurer la normalité républicaine.

Dès l'entame de son discours, le président français se prononce sans ambages sur l'état de l'Afrique. Et son bilan a au moins le mérite de ne souffrir d'aucune ambigüité : trente ans après les indépendances, le continent a fini de « *s'installer cruellement dans le cycle infernal "dette/sous-développement* ». Il est hors de doute, confesse- t-il, que « l'*Afrique est l'oubliée de la croissance, la laissée pour compte du progrès* ».

Considérant, sans doute, que ce bilan économique du continent noir, quoique catastrophique, ne souffre d'aucune controverse, il poursuit son allocution en répondant à des objections contre la politique française en Afrique. De par la rigueur et les exigences dont font montre les institutions

---

10 François Mitterrand, « Discours de La Baule » http://www.congoforum.be/upldocs/Discours%20de%20la%20Baule.pdf. Toutes les citations du président français renvoient à cette référence.

françaises dans l'octroi de crédits, prêts et dons, il est reproché à la France de vouloir dicter à ses partenaires la politique à suivre ! Pour François Mitterrand, il s'agit là d'une méprise.

En fait, les débats, il est vrai parfois houleux, entre hauts fonctionnaires, au sujet « *de la valeur de tel projet, de son financement, de ses modalités* », explique-t-il, témoigne du simple souci de rationalisation des ressources financières. Cette rigueur dans la libération des fonds, dont la caricature donne un décaissement avec parcimonie, relève à la fois de l'éthique du moins de la morale, et de l'équité.

Cette gestion rigoureuse permet d'éviter cette mauvaise conscience qui naît du fait de voir l'argent du contribuable français irriguer les réseaux de prédation. En outre, elle contribue à s'assurer que les sommes faramineuses allouées, en termes de dons, crédits et prêts, parviennent effectivement aux véritables destinataires, c'est-à-dire aux peuples africains.[11]

Il est peu de dire que le président François Mitterrand intègre, dans son discours, certaines critiques formulées contre la Françafrique : les importants flux financiers sont détournés de leurs objectifs initiaux. Ils ne sont plus mis à contribution pour la création et l'entretien des infrastructures qui doivent porter les programmes d'autosuffisance alimentaire et « *de la santé et de l'éducation pour tous* ». Les présidents d'Afrique s'en servent dans le double perspectif de conserver leur pouvoir et de sortir désespérément du bourbier de la dette.

---

[11] François Mitterrand : « Ce *sont des institutions sévères ou des organismes parfois rébarbatifs qui accumulent les étages administratifs, mais qui sont quand même bien nécessaires. Ils permettent en tout cas d'avoir la conscience tranquille. Pour vous comme pour nous, cette aide est menée avec la rigueur nécessaire, pour qu'elle soit utile à vos peuples* ».

Sous ce rapport, les institutions, tant décriées pour leur rigueur voire leur froideur, contribuent de manière efficiente au bon usage des crédits, dons et prêts. Sous cet angle, elles ne constituent point le problème, mais plutôt la solution aux difficultés identifiées dans la coopération franco-africaine.

Du reste, renchérit M. Mitterrand, si, en dépit de la cordialité des relations avec ses pairs africains, des heurts sont de plus en plus fréquents entre les Hauts fonctionnaires africains et français, c'est parce que ces institutions n'ont pas leur répondant dans les pays du Sud. Tirant la conséquence qui s'inscrit dans la logique de cet énoncé, il conclut : « *Il convient d'examiner en commun de quelle façon on pourrait procéder pour que, sur le plan politique, un certain nombre d'institutions et de façons d'être permettent de restaurer la confiance, parfois la confiance entre un peuple et ses dirigeants, le plus souvent entre un État et les autres États, en tout cas la confiance entre l'Afrique et les pays développés* ».

Partant du postulat selon lequel les responsabilités du malaise africain sont partagées, la France assume les siennes. Dans cet esprit, le chef de l'État français indique sans atermoiement à ses homologues africains l'exercice auquel il fallait se prêter à la suite du Sommet : s'évertuer à assurer au continent « *une stabilité retrouvée, avec des administrations en bon état de marche, avec une gestion scrupuleuse et un certain nombre de dispositifs, soit anciens, soit nouveaux* ». En un mot comme en mille, il urge de s'inscrire dans la trajectoire de l'État de droit, si tant est que « *sauver* » l'Afrique reste un impératif pour tous.

Contrairement à la quasi-unanimité autour du bilan économique, la solution préconisée sera objet de vives objections de la part de la plupart des participants à ces assises. Pour avoir pris le soin d'écouter ses homologues, informe François Mitterrand, il est parfaitement au courant des appréhensions et même des réticences, voire des résistances. Face à une bien faible minorité qui accepte de s'engager timidement dans cette démocratisation, se dresse une forte majorité qui considère qu'il serait, à la limite, suicidaire d'imposer « *arbitrairement le multipartisme* ». Les partisans du parti unique, donc défenseurs du statu quo, au-delà de la diversité des raisons avancées, font chorus autour de cette thèse : leurs peuples ne sont pas encore prêts à s'engager dans la démocratisation.

Cependant, dans son adresse, le chef de l'État français n'évoquera cette position majoritaire que pour mieux indiquer, et d'autorité, l'unique chemin à suivre : s'engager dorénavant dans l'axe de la quête de la normalité républicaine. Certes, il pose à ses pairs la question de savoir qui tranchera. Mais, c'est davantage une clause de style qu'une invite même pas diplomatique dans le respect du politiquement correct à un débat sur cette nouvelle orientation politique.

Il est alors à souligner avec force que le Sommet de la Baule débouche sur une sommation : se mettre à l'ère de la démocratisation sous peine d'être privé des aides, dons et crédits. Et le premier magistrat français, très attentif aux évolutions en cours en Afrique, peut même noter non sans un brin de satisfaction : « *Certains ont pris des bottes de sept lieues, soit dans la paix civique soit dans le désordre, mais ils ont fait vite* ».

II

LA DOULOUREUSE QUÊTE DE LA NORMALITÉ RÉPUBLICAINE

Le chantier de la démocratie, que les pays africains étaient mis en demeure d'ouvrir, n'était pas seulement immense ; il était aussi d'une redoutable complexité, au regard de la profonde sédimentation de l'autoritarisme politique dans l'espace politique africain. Certes, l'absence de l'État de droit y était l'un des maux les plus partagés, cependant il n'en présentait pas moins une spécificité certaine. Et les deux trajectoires, empruntées pour être en phase avec la normalité républicaine, étaient déclinées en fonction de cette spécificité.

Il s'agit notamment de la Conférence nationale pour les pays sous dictature militaire, et de l'organisation d'un scrutin fiable pour les États dont les constitutions en vigueur, bien que dites républicaines, avaient du mal à prendre ancrage dans le réel politique.

A/À L'ÉPREUVE DES CONFÉRENCES NATIONALES

Elles constituent des Assises, pour ainsi dire, à vocation thérapeutique et politique. Leur espace de prédilection est celui où l'accumulation des contradictions a atteint un degré tel qu'elle laisse préfigurer une implosion imminente. Ce sont souvent des pays à dictature militaire avec un autoritarisme politique sur toile de fond d'une paupérisation qui rend la situation intenable. Dans ces conditions, l'Armée-parti, usée par le pouvoir, voit tous les mécanismes de fonctionnement lui échapper progressivement. La menace résulte de la conjugaison de ces facteurs que sont le poids de la dette, le marasme économique, la mobilisation des syndicats même s'ils sont acquis à la philosophie « *de la participation responsable* [12]», le ras-le-bol des laissés pour compte du système.

La Conférence nationale, en un premier temps, libère la parole des politiciens, des membres de la société civile en gestation, des leaders de partis politiques clandestins, mais aussi de tous ceux qui s'étaient retirés de la vie politique et/ou s'étaient exilés par suite de la violence de la répression politique du pouvoir militaire. En s'aménageant un espace pour « *laisser tout se dire* », elle réussit à se donner une légitimité et une souveraineté qui l'autorisent à trouver parmi ses animateurs des hommes capables de conduire la transition politique vers l'État de droit. Cette légitimité était d'autant plus reconnue par les populations que, sur bien des aspects, les Conférences nationales apparaissaient comme une réactivation de la palabre africaine.

Circonscrivant le territoire de ces assises inédites, Fabien E. Boulaga écrit : « *leur géographie se déploie de l'Ouest au Centre, sur la façade atlantique de notre continent et court du Sud à la forêt équatoriale. Son domaine discontinu est celui de la colonisation française.* »[13]Ainsi, si bien des pays de l'Afrique francophone se soumettent, bon gré mal gré, à l'épreuve de ces conférences nationales, c'est le Bénin qui en a posé l'acte inaugural. Mais son cas est atypique, pour au moins deux raisons.

La première est qu'il s'est engagé dans cette singulière expérience, dès février 1990, c'est-à-dire quelques mois avant la sommation officielle du Sommet de la Baule. Au

---

[12] Le président Senghor demandait aux syndicats de « *faire leur le programme de politique générale du parti majoritaire et des gouvernants* ». Ce qui, du coup, enlevait au mouvement revendicatif son rôle de contrepouvoir.

[13] Fabien E. Boulaga, *Les conférences nationales en Afrique noire*, Paris, Karthala, 1993, p.11.

moment où l'Empire soviétique en était à ses derniers soubresauts, le régime de Mathieu Kérékou, se réclamant du marxisme-léninisme, était assailli par des contradictions quasi insurmontables. De ce fait, la faillite de l'État, loin d'être une vue de l'esprit, nécessitait des changements en profondeur. Satisfaire la plate-forme des travailleurs et s'ouvrir au multipartisme apparaissaient, entre autres, comme des questions posées et à résoudre impérativement.

La seconde raison renvoie à cette « générosité » avec laquelle d'importants « partenaires au développement » ont apporté leur précieux concours au succès de l'expérience béninoise. Ce passage en est plus que révélateur : « *Les États-Unis ont annulé la totalité de leurs créances. Le "Club de Paris" a allégé de 50 % la dette publique du pays. La France et l'Allemagne (...) ont multiplié prêts, dons et "rallonges spéciales" au point de subventionner la démocratie, en 1991, à une hauteur s'approchant de 50 000 (soit 500 FF) après dévaluation par habitant* ».[14]

La portée de cette information ne s'épuise pas dans la révélation de la consistance de la prime à la démocratie réservée au pays de Mathieu Kérékou. Elle édifie aussi sur le fait que la mise en demeure des pays du Sud à se démocratiser n'était pas une exigence uniquement formulée par Paris. Comme nous le verrons plus tard, il s'agit d'un projet politique partagé par les partenaires au développement à l'intention des pays africains.

En tout état de cause, au terme de sa Conférence nationale, le Bénin réussit à faire naître, des cendres de la bonne vieille dictature communisante, une toute nouvelle République. Ainsi, les assises, ouvertes en février 1990, permettront en un premier temps de trouver un Premier ministre pour gérer la transition politique vers l'État de droit. Elles seront clôturées en décembre, avec cette prise de

[14] Cité par Francis Akindès, *Les mirages de la démocratie en Afrique subsaharienne francophone*, Dakar, CODESRIA, 1996, p.60.

position qui en dit long sur les péripéties traversées pour venir à bout de l'autoritarisme politique : Kérékou fait siennes les conclusions des Assises et, cerise sur le gâteau, prend même l'engagement d'apporter son concours « *à la mise en œuvre des décisions issues de la Conférence nationale* ».[15]

Si le Bénin s'en est tiré en bon compte, il en sera autrement pour les pays qui s'inspirent de son modèle. En versant un tant soit peu dans la caricature, on serait enclin à affirmer que la différence va renvoyer à l'écart entre l'original et la copie !

Il en est du Niger comme du Congo ! Leurs chefs d'État d'alors, respectivement Ali Saïbou et Sassou Nguesso, se contenteront durant la transition du titre honorifique de président de la République. Délestés de leurs immenses pouvoirs, ils verront des premiers ministres, en l'occurrence, toujours dans l'ordre, Amadou Chéffou et André Milango, chargés désormais de la mission de conduire le gouvernement de transition et d'expédier les affaires courantes. Signe des temps : durant ces assises, celui que André Milango a battu n'étant personne d'autre que l'ancien premier ministre Pascal Lissouba, lui aussi revenu de son exil parisien, à la faveur du nouveau climat politique.

Pour ces deux pays, la similitude avec l'expérience béninoise s'arrête à ce niveau. Si, comme l'a indiqué Francis Akindès[16] à propos du Niger, le problème touareg constituera un véritable goulot d'étranglement ; en revanche, la démocratisation en terre congolaise sera grippée par les tentatives de reconquêtes des forces défaites. En lieu et place de la pacification de l'espace politique et de l'instauration de l'État de droit, objectifs assignés à la Conférence nationale,

---

15 https://fr.wikipedia.org/wiki/Conf%C3%A9rence_nationale_souveraine_(B%C3%A9nin).

16 Francis Akindès, *Les mirages de la démocratie en Afrique subsaharienne francophone*, Dakar, CODESRIA, 1996, 246 pages

le Congo connut les affres de l'ethnicisme et du clanisme avec, en toile de fond, le contrôle des immenses ressources pétrolières.

La quête obsessionnelle de l'intérêt personnel au mépris par trop évident de celui de l'immense majorité nourrit une déraison politique qui débouchera sur deux guerres civiles. Aussi, de l'échec du processus de démocratisation, s'ensuivit la restauration de l'ancien ordre à la faveur d'« une *repolarisation partisane dont les effets pervers sont l'émergence d'un terrorisme d'État, opposé à l'instrumentalisation des milices armées de l'opposition* »[17]. Le retour aux affaires de Nguesso, dans des conditions les plus renversantes, témoigne de la victoire des forces conservatrices qui font de l'instauration de l'État de droit une perspective sans lendemain.

Le même esprit conservateur viendra à bout des velléités démocratiques au Zaïre. Arrivé au pouvoir en 1965 par un coup d'État, Mobutu instaure un régime dictatorial qui finira par installer un chaos sur l'intégralité du territoire. Pour épouser l'air du temps, contenir le mécontentement populaire et atténuer l'ire des « partenaires au développement », le Général-Président se prêtera à une parodie de Conférence nationale.

Ces assises, ouvertes en 1991 et dont la longueur est inversement proportionnelle à l'effectivité des conclusions retenues à leur clôture en 1993, seront d'autant plus vidées de leur contenu que Mobutu avait pris le soin de s'y faire représenter par lui-même. Après deux ans de dilatoire de toutes sortes, et malgré les pressions de l'Église et de certains partenaires au développement, la Conférence nationale, présidée par l'Archevêque Monsengwo, ne gagnera jamais

---

[17] Henri Ossébi, *Enjeux et effets sociaux de la démocratisation au Congo : quelques réflexions*, in *État, démocraties, sociétés et cultures*, sous la direction de Ibrahima Mané, Éditions Démocraties africaines, Dakar, 1996, pp. 142-143.

sa souveraineté. Pour preuve, le premier ministre, Étienne Tshisekedi, élu par ces assises nationales, ne prendra jamais fonction.

L'aiguisement des contradictions de tous ordres explique sans doute l'aisance aux accents insolents, avec laquelle Laurent Désiré Kabila marchera sur Kinshasa en 1997. Le pouvoir du rebelle, qui n'a pratiquement que le temps de rebaptiser son pays République Démocratique du Congo (RDC), ne fera pas long feu. Assassiné quatre ans après, son fils, Joseph Kabila, sera porté à la tête de l'État. Du coup, le « nouveau Congo » réussira la prouesse d'inaugurer le filialisme dans l'espace politique africain.

Ce mode de succession à la magistrature suprême, suffisamment insolite pour mériter d'être questionné, sera réédité en terre gabonaise. S'inscrivant dans la logique des conférences non souveraines, le chef de l'État gabonais se prête au rituel de l'époque, contraint qu'il était par les pressions sociales dont, au premier chef, celles des étudiants. Retrouvant une stabilité des plus précaires pour son pays, le Président Omar Bongo organisera, entre décembre 1993 et novembre 2005, trois scrutins présidentiels dont le dénominateur commun aura été les farouches contestations dont ils ont été l'objet. Suite à son décès, en 2009, son fils, Ali Bongo, déjà officiellement dans l'espace du pouvoir gabonais depuis 1987, se fera élire président de la République sur fond de vives contestations.

Néanmoins, dans cette panoplie de Conférences nationales où le tragique et le comique s'entrelacent, la désillusion malienne sera l'une des plus fortes, voire des plus traumatisantes. Immenses étaient les espoirs suscités par la rigueur avec laquelle la transition a été menée, et de main de maître, par le Général Amadou Toumani Touré.

Après être venue à bout du régime dictatorial du Général Moussa Traoré, au pouvoir à la faveur d'un coup d'État perpétré contre le régime progressiste de Modibo Keïta, la junte militaire avait créé, en 1991, lors de la Conférence nationale souveraine, les conditions optimales de succès de la transition vers l'État de droit. Cette expérience avait d'autant plus bénéficié de la caution du peuple malien et de ses amis que deux actes majeurs lui avaient imprimé sa spécificité.

Dans un premier temps, le Général Touré avait eu la lucidité politique ou même la simple décence de ne pas être protagoniste de la première présidentielle organisée au lendemain des Assises nationales. Suite au verdict issu du premier scrutin de 1992, Alpha Oumar Konaré, à la tête de l'alliance pour la Démocratie au Mali-Parti Africain pour la Souveraineté et la Justice (ADEMA/PASJ), accéda à la magistrature suprême.

Certes, le contexte sera marqué par une récession économique, rendu plus complexe par les effets collatéraux du conflit avec les Touaregs. Le nouveau chef de l'Exécutif malien aura aussi à gérer les principales formations de l'opposition politique, particulièrement frustrées par l'annulation des législatives en 1997. Toutefois, pour l'essentiel, Alpha Oumar Konaré initiera de profondes réformes démocratiques dans l'axe de la consolidation des acquis enregistrés durant la transition politique. Ainsi, réélu en 1997, il respectera la clause limitative des deux mandats, non sans assurer fiabilité et transparence à l'élection présidentielle de 2012.

Cette consultation consacrera le succès éclatant du Général Amadou Toumani Touré qui accède au Palais de Koulouba. Du coup, cette élection pouvait être considérée comme une récompense, pour avoir encadré le processus démocratique.

Le second acte posé a été de s'être démarqué du jeu favori de ses homologues de l'Afrique francophone, à savoir rivaliser d'ingéniosité en matière de tripatouillage constitutionnel pour se maintenir au pouvoir.

L'accélération des évènements emporta une bonne partie de l'édifice construit durant ces dernières années. La guerre du Nord, engagée dans le même mouvement contre les Touaregs et les djihadistes, installe dans l'armée, aux moyens matériels d'une obsolescence incroyable, un malaise chronique. De la crise politico-militaire, résultera le coup d'État qui ensevelit l'essentiel du processus de la démocratisation. Cette séquence de l'histoire politique récente du Mali atteste, à elle seule, de la réversibilité du processus de démocratisation, notamment dans les pays africains où les configurations culturelles du politique structurent densément les rapports entre États et sociétés.

B/L'ÉQUATION DE L'ALTERNANCE POLITIQUE

Si la quête de la normalité passait, pour les pays à régime militaire, par la Conférence nationale, celle des régimes civils demandait « tout simplement » la création des conditions de possibilité de la réalisation de l'essence de la démocratie libérale, à savoir l'alternance politique. Or, au moment où se tenait le Sommet de la Baule, seuls le Cameroun, la Côte d'Ivoire et le Sénégal avaient pratiquement échappé au règne du pouvoir des Généraux. Pour autant, ils vont connaître des fortunes bien différentes dans leurs laborieuses trajectoires politiques.

Les contradictions, qui couvaient insidieusement sous le règne du vieux chef baoulé, s'accentuent sur fond d'une crise économique qui affecte la locomotive économique de l'Afrique de l'Ouest. Comme indiqué dans *Africanisme et théorie du projet social*, il en a résulté une véritable instrumentalisation politique de l'ethnicité. Le vecteur de cette approche qui fragilise les fondements de la jeune République est le concept d'*ivoirité* qui renvoie, selon le président Bédié, successeur de Houphouët-Boigny, à « *l'affirmation de la spécificité culturelle ivoirienne* ».

C'est sous son mandat, et sous son impulsion personnelle, que le venin xénophobe a commencé à irriguer les institutions de la République. Dans la lutte pour le pouvoir et sa conservation, il a initié et fait adopter, en décembre 1994, un nouveau code électoral, qui imposait aux candidats de prouver leur ascendance et leur nationalité ivoiriennes.[18]

La partition du pays, suite à l'apparition de la rébellion et le coup d'État du Général Robert Gueï contre l'héritier de Houphouët-Boigny, Henri Konan Bédié, mirent la Côte d'Ivoire au bord du précipice. S'ensuivra une forte zone de turbulence avec une violence inouïe qui marquera aussi bien l'élection de Laurent Gbagbo en octobre 2000 que celle d'Alassane Ouattara, en 2010.

Cette profonde déchirure de la Côte d'Ivoire est, d'une certaine façon, une des conséquences de la guerre fratricide des héritiers du père-fondateur. Le chaos politico-militaire de ce pays a été accentué par l'appropriation, par un libéral de la trempe de Houphouët-Boigny, de cette conception d'une charge mystique et mystificatrice par trop évidente : un chef baoulé ne voit jamais son successeur !

Le Cameroun et le Sénégal, tout en s'inscrivant dans des trajectoires différentes, voire opposées, contrairement à la Côte d'Ivoire, vont partager cette même séquence historique : l'héritage du pouvoir par voie constitutionnelle. Ainsi, en 1982, Paul Biya succède à Amadou Ahidjo comme, deux ans auparavant, le Premier ministre Abdou Diouf, remplaçait le président Léopold Sédar Senghor, en vertu de l'article 35 de la Loi fondamentale sénégalaise.

---

[18] Cf : Youzan BAHABI, « Guerre et paix en Côte-d'Ivoire : histoire de la fracture sociale ivoirienne », *Revue Sénégalaise de Sociologie,* n°4/5, janvier 2003, pp 235-265 ; Idimama KOTOUDI, « Comprendre et traiter la crise en Côte-d'Ivoire : faits et documents », Dakar, IPAO, 2004, 87 pages. Actes du colloque « Identification et négociation de l'appartenance en Afrique de l'Ouest. Réflexions sur la crise ivoirienne », CODESRIA, Dakar, mai 2003.

Cependant, alors que le Cameroun allait se confiner dans un immobilisme qui a oublié son nom[19], le Sénégal s'exercera à la démocratisation tout en rencontrant de sérieuses difficultés à réaliser l'essence de celle-ci, à savoir l'alternance politique. Ces difficultés apparaissent avec un relief saisissant au sujet des procédures techniques du scrutin et du cadre institutionnel.

Certes, Abdou Diouf inaugure le multipartisme intégral en commettant le parricide consistant à revenir sur la loi arbitraire des quatre courants, instaurée par son maître et prédécesseur Léopold Sédar Senghor[20]. Mais cet acquis de taille dans la laborieuse quête du pluralisme politique intégral n'a débouché ni sur la transparence ni sur la fiabilité du scrutin. En témoigne, entre autres, la ferme décision du charismatique leader du Rassemblement National Démocratique (RND), Cheikh Anta Diop, de boycotter son siège de député à l'Assemblée nationale du Sénégal, en guise de protestations contre les fraudes massives ayant émaillé les législatives de 1983.

De la persistance de cette gangrène, au cœur même d'un. État présenté comme un modèle de démocratie en Afrique de l'Ouest, résulteront les émeutes post-électorales de 1988. L'ascension politique du redoutable agitateur Abdoulaye Wade, Secrétaire général du Parti Démocratique Sénégalais, conjuguée à l'irruption des jeunes sur la scène politique, sur toile de fond d'une paupérisation de plus en plus accentuée,

---

[19] Il serait intéressant d'expliquer, au-delà de la liquidation des leaders de l'Union des Populations Camerounaises (UPC), les raisons de cette longévité de Paul Biya.

[20] Pour, disait Senghor, rationaliser le jeu démocratique, il fallait s'en tenir à ces quatre courants politiques : conservateur, avec Me Boubacar Guèye, libéral, avec Me Abdoulaye Wade, marxiste-léniniste, avec Majmouth Diop et, social-démocrate avec le parti de Senghor lui-même. Il lui sera reproche non seulement d'avoir arbitrairement identifié ces courants mais de s'être autorisé à en désigner un leader.

allait donner une tonalité tout à fait particulière à la protestation contre la fraude électorale.

Sitôt sorti de cette dangereuse zone de turbulence, le pouvoir socialiste, prenant toute la mesure des dangers qui le menacent, s'attela à rassurer les protagonistes du jeu politique en instaurant un climat apaisé. Dans cet esprit, une commission cellulaire, composée de juristes, est convoquée pour rédiger un nouveau code électoral consensuel. Cette structure est chargée de travailler à instaurer le cadre institutionnel nécessaire à l'expression démocratique qui garantira, dans le même mouvement, la fiabilité des procédures techniques du vote.

Parmi les dispositions du nouveau code, celle-ci apparaissait comme une des plus « révolutionnaires » : l'exigence « *d'installer un ou des isoloirs pour assurer le secret du vote tout en permettant de ne pas dissimuler au public les opérations électorales, le placement de flacons d'encre indélébile ou des vaporisateurs d'encre indélébile dans chaque bureau de vote avec le timbre de la circonscription électorale du bureau* ».[21] S'y ajoute une innovation de portée majeure au niveau du mode de recensement des votes. Un magistrat et des représentants des différents candidats à l'élection siègent désormais dans les commissions départementales chargées du comptage.

---

[21] http://www.au-senegal.com/IMG/article_PDF/Le-Code-lectoral-du-Sngal_a3352.pdf. Pour être édifié sur la portée salutaire de cette disposition, il convient de réaliser l'organisation à grande échelle du vote multiple et de l'usage de faux. À ce sujet, ce témoignage du quotidien sénégalais, Walfadjri est très révélateur : « *Date de naissance : 10 juillet 1972 ; âge 21 ans ; rien qu'à voir la photo, cette dame pourrait avoir le double. La pièce d'identité lui avait été établie le 11 février 1993, juste avant l'élection présidentielle du 28 février de cette année. Une fausse carte d'identité, des cartes électorales vierges, et le tour est joué* », cité dans *Africanisme et Théorie du projet social*, op cit, p. 287.

Dans cette opération de pacification du champ politique, surgit aussi la figure de l'observateur du jeu électoral dont l'enjeu est l'accès à cette essence de la démocratie libérale qu'est l'alternance politique. Sa particularité est qu'il n'est pas Sénégalais et tient sa légitimité de sa filiation directe ou indirecte avec les bailleurs de fonds. S'il n'est pas mandaté par la Communauté Économique Européenne (CEE) ou par le Comité permanent de la Francophonie, il fait partie du National Democratic Institute (NDI) dont le fondateur n'est personne d'autre que Jimmy Carter, l'ancien chef de l'État américain. [22]

De toute évidence, il s'agissait à ce niveau d'une des retombées du Sommet de la Baule. Les différents donateurs et « partenaires au développement » s'étaient mobilisés pour compenser les faiblesses financière et institutionnelle d'un Sénégal qui s'exerce dans la douleur au jeu démocratique. Aussi les observateurs étaient-ils « invités » à superviser et à valider le résultat du scrutin de la présidentielle de février 1993.

En dépit de toutes ces dispositions dont l'impact sur la fiabilité des élections n'était sans doute pas nul, le scrutin allait rester « le ventre mou »[23] du système politique sénégalais. Pour preuve, les résultats de la présidentielle de 1993 seront l'objet d'un vif contentieux qui trouvera son prolongement dans les législatives avant de culminer avec l'assassinat du Vice-Président du Conseil constitutionnel, Maître Babacar Sèye.

La difficulté naît du fait que le nouveau code, en rendant crédibles les procédures techniques, n'a pas pu résoudre des problèmes en amont ; au nombre desquels l'inscription sur

22 Suite à de rudes batailles, des observateurs nationaux seront finalement admis.

23 Mamadou A Ndiaye et Alpha A Sy, « Le scrutin, le ventre mou de la démocratie », Sud quotidien des 20, 21 et 22 mai1998.

les listes électorales, la fabrication de cartes fictives et l'utilisation frauduleuse de bulletins non utilisés.[24]

Ce récurrent déficit démocratique, conjugué à l'intensification des luttes syndicales, sur arrière-plan d'un marasme économique chronique et de tarissement des sources de la prédation, installa le régime de Diouf dans une bien mauvaise posture. Évidemment, avec l'instinct de conservation, des initiatives sont prises avec, entre autres, la reconduite de la subtile stratégie de l'élargissement de l'espace présidentiel, pudiquement appelé Gouvernement de Majorité Élargie[25].

Toutefois, cette alchimie politique, quoique opérée sous le regard approbateur des « partenaires au développement », ne sera pas suffisante pour arrêter l'hémorragie. Les circonstances sont d'autant moins favorables que le pouvoir socialiste enregistre des défections de taille avec les démissions de ces figures emblématiques du parti au pouvoir que sont Moustapha Niass et Djibo Laïty Ka.[26]

Pour une fois, le parti socialiste dont la marge de manœuvre s'était rétrécie comme peau de chagrin, sera dans l'impossibilité d'extraire son régime de la zone de turbulence. Les contradictions récurrentes, à la faveur d'une dynamique citoyenne sans précédent, feront enfin basculer le Sénégal dans l'ère des « démocraties normales ».

---

[24] file:///C:/Users/Apha%20Amadou%20SY/Downloads/Senegal-Rapport%20de%20la%20mission%20d2019observation%20des%20elections%20presidentielles%20du%2021%20fevrier%201993.pdf

[25] Depuis les remous ayant résulté des élections de 1988, la stratégie de l'espace présidentiel a été expérimentée. Elle consiste à intégrer dans l'attelage gouvernemental les partis politiques de l'opposition dite significative. Cf. *Africanisme et théorie du projet social*, sous chapitre 3 « Le jeu politique et la citoyenneté », p. 274.

[26] Pour avoir tous deux grandi sous les ailes protectrices du leader historique Léopold S Senghor, ils étaient en droit de revendiquer la même légitimité que leur camarade Abdou Diouf.

Incontestablement, ce mouvement exceptionnel qui a pris possession de l'espace politique n'est pas porté par une citoyenneté pleine et entière. Cependant, son degré de maturation est suffisamment consistant pour insuffler au processus démocratique l'épaisseur subjective qui lui faisait jusqu'ici tant défaut. L'implication de la société civile, dans son sens le plus large, en tant qu'elle intègre les segments les plus significatifs de la société, contribue de manière décisive à garantir la transparence et la fiabilité du scrutin[27].

Parmi les forces vives qui ont prêté leur précieux concours à l'avènement de l'alternance politique, il importe de souligner la corporation des professionnels de l'information et de la communication. Ils ont su imprimer un sceau particulier au mouvement citoyen, et par ricochet, garantir aux joutes électorales de 2000 une qualité des plus relevées.

Leur premier apport a été d'avoir transformé l'espace médiatique en une véritable école de formation civique. Outre les précieuses informations mises à la disposition des citoyens, ces derniers sont pratiquement initiés, à travers différentes émissions, à l'usage critique de la raison. Qui plus est, les Sénégalais, habitués à voir leurs leaders se confiner dans l'usage exclusif de la langue de Molière, accèdent au débat politique grâce au recours aux langues du pays, notamment le wolof, parlé par plus de 90 % de la population.

Dans cette atmosphère, les citoyens-électeurs prennent d'autant plus goût aux consultations électorales que les professionnels de l'information s'étaient résolus à les édifier sur les tenants et les aboutissants du vote, du mécanisme du vote, et de manière générale, du caractère inaliénable des droits de l'individu, de tous les individus.

Cette contribution de la corporation de la presse a été d'autant plus déterminante qu'elle a su mettre à profit ces supports « magiques » que sont les technologies de l'information et de la communication. Ce faisant, « la

---

27 Voir plus loin le sous chapitre « De l'apport de la société civile ».

parole démocratique » est portée sur la quasi-intégralité du territoire sénégalais, grâce à la vulgarisation de la radio FM qui offre à tous les auditeurs un confort d'écoute certain.

Dans cette mouvance, les professionnels de l'information et de la communication avaient réussi sinon à annihiler, du moins à atténuer l'impact de la fraude électorale en permettant à tout Sénégalais de participer au travail de surveillance du scrutin, jusqu'ici pratiquement dévolu aux seuls représentants des partis en lice. Cette nouvelle donne est d'autant plus salvatrice pour la démocratisation en cours que les formations politiques de l'opposition avaient souvent du mal à trouver des représentants dans les bureaux de vote essaimés sur la totalité de l'espace sénégalais.

L'usage des cellulaires a contribué à couper l'herbe sous les pieds des fraudeurs par la dénonciation fortement médiatisée des actes délictuels, et par la remontée en temps réel des résultats du recensement des bureaux de vote.

C/DE L'APPORT DE LA SOCIÉTÉ CIVILE

L'expérience sénégalaise reste une leçon de science politique. Elle confirme le point de vue selon lequel, en l'absence d'un mouvement citoyen suffisamment consistant pour infléchir le cours démocratique, aucune formation politique ne peut venir à bout de l'autoritarisme politique.

Ainsi, le Sénégal, pour partager, pour l'essentiel, la même situation socio-économique que les autres pays de l'Afrique francophone, n'en présente pas moins une certaine spécificité héritée de son histoire particulière. À ce sujet, il se donne à voir que, à l'instar de tous les États soumis aux politiques draconiennes d'ajustement structurel, dans le pays de Senghor toutes les catégories sociales, notamment les paysans et les ouvriers, ont été plongées dans un profond malaise. Même la petite-bourgeoise en a subi les contrecoups. Certes, cette couche sociale ne joue sans doute pas un rôle déterminant dans le procès de production.

Cependant, eu égard à sa posture dans la redistribution des revenus entre les possédants et les non-possédants, quand sa paupérisation s'accélère, elle approfondit la fracture sociale.

Au Sénégal singulièrement, le mécontentement, qui a résulté de la violence du système économique, a pu être, pour ainsi dire, canalisé dans un réceptacle avant d'être redéployé dans l'axe des luttes pour l'égalité et la justice sociale. Par ce biais, le *Sopi*[28], par-delà le talent propre de son concepteur, Me Abdoulaye Wade, a su le transformer en slogan d'autant plus mobilisateur qu'il s'est constitué en un retentissant écho des frustrations de l'ensemble des franges de la société, qui ployaient sous les effets conjugués du marasme économique, des réseaux de prédation et de l'irresponsabilité des gouvernants.

La synergie des organisations syndicales avec la corporation des professionnels de l'information et de la communication et les mouvements de jeunesse, notamment à travers le courant hip-hop, ont su insuffler à la lutte politique cette puissante énergie qui a alimenté les vagues déferlantes du *Sopi*.

Par ce concours de chacun de ces démembrements de la société civile, s'est instaurée une atmosphère particulièrement propice à l'alternance politique qui n'apparaissait plus dorénavant comme une perspective fuyante dans l'horizon politique des Sénégalais.

Cette dynamique citoyenne, dont le concours aura été des plus précieux pour faire passer l'alternance politique de l'ordre du rêve à celui de la réalité effective, n'est pas un accident de l'histoire. Elle s'inscrit dans la continuité des luttes pour l'égalité et autres péripéties qui ont jalonné l'évolution politique du Sénégal.

Ce pays a développé une tradition de contestation politique par la multiplication de cercles d'obédience de

---

28 Changement, en wolof.

gauche ou nationaliste. Au lendemain des indépendances, sous les effets conjugués de l'essoufflement du mouvement marxiste-léniniste et, plus tard, de l'effondrement de l'URSS, des formations politiques ont connu une indéniable dégénérescence.

Certains animateurs de ces cadres politiques ont eu à se redéployer dans des Organisations Non Gouvernementales (ONG) et dans des structures embryonnaires de la société civile. Ce faisant, ils ont su faire bénéficier à ces cadres de leur sens de l'organisation, de leur capacité d'analyse et de leur talent d'agitateur avec une forte dose de l'éthique de la responsabilité. Leur apport a été des plus féconds dans le processus de maturation de la société civile, partant du mouvement citoyen. Au Sénégal, ce processus s'est enclenché en se nourrissant de ces deux mamelles que sont le renouveau syndical et le renouveau médiatique.

Dans le contexte de l'application des draconiennes Politiques d'Ajustement Structurel imposées par les institutions de Brettons Wood s'est développé le mouvement autonomiste syndical. À la Confédération Nationale des Travailleurs du Sénégal (C. N. T. S) allaient s'ajouter la Confédération des Syndicats Autonomes (C.S. A) et l'Union Nationale des Syndicats autonomes (U. N. S. A). Dans la mesure où ces entités avaient su mutualiser leur force et leurs moyens, elles organisèrent avec succès la grève générale du 02 septembre 1993, la première depuis celle de 1968.

Il s'ajoute que tout le long de la décennie des années 1990, enseignants de tous ordres, agents de santé, toutes catégories confondues, travailleurs de l'électricité et professionnels de l'information et de la communication, sous la direction de leurs syndicats respectifs, constituèrent un solide rempart contre le vote de la pernicieuse loi des finances rectificative.

Par cette mobilisation exceptionnelle, le monde du travail parvint à rejeter toutes les mesures, qui, par-delà leurs différences et nuances dans leur formulation, restaient perçues comme des stratégies de spoliation des revenus déjà dérisoires des salariés. En lieu et place, conscients que leur force réside dans leur unité, ils ont exigé comme alternative à cette politique spoliatrice la réduction du train de vie de l'État et la cure d'amaigrissement de l'équipe gouvernementale.

Cette effervescence syndicale, au-delà de ses incidences immédiates sur les conditions de vie et de travail des salariés, a beaucoup édifié les travailleurs sur les limites du corporatisme. Du coup, les uns et les autres en étaient venus progressivement à prendre conscience que l'intérêt supérieur, dès l'instant où il est bien compris, ne saurait être, en aucune façon, antinomique à la prise en compte des particularités de tel ou tel segment du monde du travail. D'un même mouvement, cette dynamique unitaire a contribué à tisser des liens civils, c'est-à-dire fondés autrement que sur des bases exclusivement ethnique, communautaire et confessionnelle.

Sous bien des rapports, il ressort que l'un des démembrements de la société civile qui a le plus bénéficié de l'insertion des militants d'obédience marxiste est la corporation des professionnels de l'Information et de la Communication. Bien plus, ladite corporation a su capitaliser l'expertise de certains de ses membres ayant appris à exercer l'esprit de libre examen et à manipuler les concepts durant leur séjour au département de philosophie de l'Université de Dakar.

Ainsi, ces pionniers, qui s'engagent avec rigueur et enthousiasme à circonscrire le nouvel espace médiatique, se sont investis de la double mission de la défense des intérêts et moraux de leur corporation, et de la lutte pour l'instauration d'un État de droit. Idéologiquement assis, professionnellement préparés et dotés d'une remarquable ardeur juvénile, ces professionnels de l'information et de la communication ne s'étaient guère mépris sur la délicatesse de leur sacerdoce.

Babacar Touré, un des membres du groupe Sud Communication nous édifie sur cet état d'esprit : « *Le groupe des amis et de camarades, mus par un idéal commun, une vision partagée et un esprit solidaire, s'était donné pour tâche urgente et prioritaire, de contribuer à réhabiliter le journalisme et les journalistes de ce pays, en accomplissant sa part de tâche générationnelle.* »[29]

Ils se feront le devoir de rester fidèles à cet engagement, pris depuis les années 1970, quand ils étaient encore étudiants au Centre d'Étude des Sciences et Techniques de l'Information (CESTI). Ainsi, professionnels formés et gouvernés par une éthique de la responsabilité rarement prise à défaut, ils se montrent déterminés à traquer partout l'information vraie, du labyrinthe du Palais au monde opaque des réseaux de la prédation. S'appropriant les règles fondamentales de la déontologie, mus par un remarquable esprit républicain et débordant d'énergie juvénile, les professionnels de l'information et de la communication – comme indiqué plus haut- ne ménagèrent aucun effort pour assumer leur sacerdoce.

Toutefois, ce projet, en lui-même, était porteur d'une contradiction majeure avec l'approche partiale, partielle et par trop solidement ancrée dans les médias d'État. Identifiant l'obstacle afin de bien le contourner, Abdou Sow explicite l'opposition profonde entre les deux lignes éditoriales devant désormais cohabiter dans le nouvel espace médiatique : « *Le conflit naît de cette incompatibilité entre un journalisme d'adhésion qui procède par accompagnement de la politique des autorités et un journalisme d'investigation qui, tout en intégrant le flux d'informations en provenance des instances officielles, use de son droit de douter, de chercher, d'autres*

---

[29] Babacar Touré, cité par Mamadou A Ndiaye et Alpha A Sy, *Presse et jeu politique*, ouvrage inédit.

sources et de procéder par recoupement, vérification et confrontation. Chacune de ces deux lignes est défendable ; le souci partagé étant, normalement, de donner au public une information véridique. Mais aucune ne doit être sanctionnée parce qu'elle n'a pas les faveurs de ceux qui exercent le pouvoir et qui disposent des moyens de coercition pour imposer leur point de vue. »[30]

En vérité, ce débat, en plus d'être incontournable, débordait ipso facto la sphère médiatique pour trouver son prolongement sur le terrain politique. Pour s'en convaincre, il suffit de réaliser que les groupes Sud Communication, Walfadjri, Sept/Communication, en se dotant d'organes d'informations conséquents, avaient fait plus que combler le lourd déficit médiatique ; ils avaient aussi contribué à frayer la voie à l'idéal démocratique.

En militants jusqu'au bout des ongles de l'État de droit, les professionnels de l'Information et de la Communication ne confinent pas leur lutte dans le cadre étriqué de la reconnaissance formelle du droit à l'information. Leur ambition trouve son prolongement dans la mobilisation afin de réunir les conditions propices à l'exercice effectif dudit droit.

Ils avaient su traiter, avec tact et esprit républicain, bien des contentieux ayant émaillé les rapports tendus, entre d'une part, les travailleurs et le pouvoir socialiste, et, d'autre part, entre l'opposition sous la direction de Me Wade et le parti d'Abdou Diouf. Par ce truchement, ils avaient gagné en crédibilité. Mieux, tout se passait comme si les citoyens leur étaient, de quelque manière, redevables d'avoir évité au Sénégal de sombrer irrémédiablement dans le chaos.

L'impact de leur engagement s'est imposé d'autant plus massivement que la défense de la liberté de presse, leur sacerdoce, constitue est un des aspects déterminants de la

---

30 Abdou Sow, *Le matin,* du 08/11/2000.

liberté de conscience. Cette liberté de conscience demeure, à son tour, un des fondements du projet démocratique. C'est pourquoi, toutes les franges sociales, un tant soit peu édifiées sur les principes de transparence et d'équité qui doivent gouverner la *res publica*, étaient demeurées attentives aux initiatives hardies prises par les professionnels de la presse pour faire prévaloir la transparence dans la gestion des affaires de la Cité.

À ce sujet, cette sérieuse mise en garde contre les porteurs de mesures liberticides, d'un homme d'Église de la trempe de l'Ancien Cardinal Yacinthe Thiandoum, était des plus révélatrices de cet état d'esprit « *La liberté d'informer juste et vrai, accordée au journaliste dans l'exercice de son métier, constitue le rempart ultime de la citadelle de toutes les libertés. Si on y porte atteinte, on s'achemine tout droit vers la dictature et le terrorisme.* » [31]

Au demeurant, si les figures de proue de ce renouveau médiatique étaient plus visibles dans l'univers des médias privés, il reste que, dans la presse officielle aussi, de vrais professionnels y officiaient. Et c'est dans le cadre de la concurrence entre média que ces derniers étaient parvenus à infléchir à l'interne la rigidité des autorités.

À ce propos, cette expérience de Mame Less Camara est des plus instructives. Invité par son directeur à animer une nouvelle production radiophonique, *Face à face*, dans un contexte de forte concurrence, il eut le réflexe professionnel de poser ces trois conditions : avoir le choix exclusif de ses invités, être le seul à décider du sujet de l'émission, et, enfin, avoir la garantie que l'entretien se fera en direct.[32]

---

[31] Yacinthe Thiandoum, *Le Soleil* du 14 mai 1993.

[32] Au regard de notre proximité, dont je m'honore, j'ai eu souvent l'opportunité d'échange avec lui sur cette question. Cette anecdote, il vient de la rappeler tout récemment invité, qu'il était par la RTS dans le cadre de la commémoration de la sixième Journée mondiale de la radio, le 13/02/2017. Par la vertu de la saine concurrence, la Radio et Télévision Sénégalaises (RTS), en perte de vitesse, s'est efforcée de

Cette initiative qui n'était pas du tout isolée est suffisamment révélatrice de la détermination des journalistes de cette génération. Ils n'avaient ménagé aucun effort dans la perspective d'élargir l'étroite marge de manœuvre circonscrite par une censure qui fonctionne comme l'épée de Damoclès. Qui plus est, cette expérience renseigne sur leur professionnalisme par l'entremise duquel ils parvinrent à extirper de leur background mental l'une des plus pernicieuses inhibitions, à savoir l'autocensure.

Et si la liberté de presse est apparue comme l'un des rares fleurons du système politique sénégalais, c'est dans la mesure où les professionnels de l'information et de la communication ont su mettre à contribution ces deux facteurs que sont la « sénégalisation » des programmes radiophoniques et l'usage des technologies de l'information et de la communication.

Concernant la « sénégalisation » des programmes, la séquence la plus déterminante aura sans doute été le recours aux langues nationales. Par ce truchement, des milliers de citoyens, exclus de l'espace politique du fait de l'usage démesuré du français, sont réintégrés dans l'ordinaire de la République. Ainsi, acteurs de l'informel, commerçants, ouvriers ou paysans vont, avec le concours des médias privés, être édifiés sur les tenants et les aboutissants du droit,

---

se rattraper en produisant des émissions de haute facture dont la moindre n'est sans doute pas Face *à face* qui a réussi, entre autres prouesses, à interviewer le vieux chef rebelle, Diamacoune Senghor, en direct sur la radio d'État.

En passant, il importe de préciser que le manichéisme entre journaliste des media d'État et ceux des media privés, est , sous bien des rapports, une simple vue de l'esprit Le plus souvent, c'étaient les mêmes journalistes des organes d'État qui, sous le couvert d'un pseudonyme, intervenaient dans les organes de la presse dite libre. Ainsi, il est aujourd'hui de notoriété publique que l'excellent auteur des chroniques de *Walfadjir*i, Abdou Sow, n'était personne d'autre que Mame Less Camara, bien connu comme agent de la RTS.

du droit de vote et du droit à la résistance à la fraude électorale.

L'usage du wolof, langue parlée par plus de 90 % de Sénégalais, va permettre une autre intégration dans l'espace politique, les arabophones, qui, pour ne pas maîtriser la langue de Molière, n'en sont pas moins des citoyens particulièrement à l'aise sur les préoccupations religieuses, politiques, culturelles et même philosophiques de la société[33].

En véritable école du civisme, écrivions-nous[34], ce maillon de la société civile ouvre des espaces de débats contradictoires où une instance critique convoque le politique, l'interroge sur son projet et le met en demeure de justifier son bien-fondé. De ce fait, quand l'engagement des pionniers de la presse rencontre l'usage des langues nationales, l'on réalise comment le donné culturel a contribué à imprimer à l'expérience politique sénégalaise sa spécificité.

Mieux, cette spécificité sera d'autant plus marquée qu'elle s'adossera sur cet autre facteur qu'est le donné technologique. Par la « magie » des ondes FM, non seulement le confort d'écoute en est plus que garanti, mais le citoyen, qui vit dans hameau le plus reculé des centres

---

[33] Sans doute, en levant cette hypothèque linguistique, le Sénégal a réussi à intégrer le discours islamiste comme un courant politique à valeur égale à tout autre. Ce propos de Sidi Lamine Niass, l'auteur de *Un arabisant entre presse et pouvoir*, lui-même un des acteurs de premier plan du renouveau médiatique est suffisamment explicite à ce sujet : *« Alors que le discours islamiste souffre encore d'un manque de repères dans l'espace politique, il s'agit de trouver un moyen de porter haut cette voix que l'ostracisme d'une certaine élite occidentale veut limiter aux sphères de l'obscurantisme et de l'opportunisme.* », Dakar, édition Walfadjiri, 2003, pp. 87-88.

[34] Mamadou A Ndiaye et Alpha Amadou Sy, *Les Conquêtes de la citoyenneté*, op cit, p.72.

urbains, peut se procurer facilement une radio afin de s'intégrer dans la marche de la République.

Et quand, à l'occasion de la présidentielle de février 2000, les professionnels de l'Information et de la Communication ont eu le réflexe d'utiliser les cellulaires pour faire remonter en temps réel les résultats des différents bureaux de vote, les chances pour le triomphe de l'alternance politique s'en trouvèrent, pour ainsi dire, décuplées. Dans ces conditions, les professionnels de la presse imprimèrent au mouvement citoyen un tranchant tel qu'ils se verront accuser, par le pouvoir socialiste, d'être de connivence avec l'opposition politique.

III

LES NOUVELLES FORMES DE PERVERSIONS DÉMOCRATIQUES

L'État postcolonial, en confinant l'espace politique dans le cadre par trop étroit du parti au pouvoir, a fonctionné sur la base d'une approche unidimensionnelle qui ravale au rang de subversion politique toute idée de contre-pouvoir. De ce réductionnisme politique, résulte un autoritarisme d'autant plus insidieux que le chef qui en émerge a la main aussi bien sur le parti que sur l'État. Cette double mainmise lui imprime un profil messianique.

On comprend dès lors pourquoi l'un des immenses chantiers de la démocratisation a été la suppression du parti unique et l'instauration du cadre institutionnel que requiert le fonctionnement d'un véritable État de droit. Dans ce contexte, des réformes enthousiastes sont initiées dans la perspective de l'élargissement des libertés démocratiques, lequel se caractérise notamment par l'instauration du multipartisme et du pluralisme médiatique. Participe également de cet esprit, l'élaboration de nouvelles constitutions qui intègrent, de la manière la plus explicite, non seulement le scrutin à deux tours, mais surtout la limitation des mandats présidentiels.

Toutefois, à l'épreuve du réel politique, il s'est avéré qu'il est beaucoup plus aisé d'exhumer les principes républicains que de leur assurer un ancrage effectif dans le champ politique africain. Ainsi, une fois l'euphorie de la démocratisation progressivement estompée d'insidieuses perversions démocratiques prirent forme et consistance.

A/LA TRANSHUMANCE POLITIQUE

Le multipartisme, en tant qu'une forme d'expression du pluralisme politique, là où il fonctionne de manière efficiente, garantit vitalité au jeu démocratique non sans pour autant impacter positivement sur le domaine économique. Alors qu'il incombe au parti au pouvoir de dérouler le programme pour lequel il a été élu, il revient aux autres formations politiques de rester dans leur rôle. Celui-ci consiste à décliner leurs actions dans le double axe de la consolidation et de l'élargissement des libertés démocratiques, et de l'amélioration des conditions d'existence des citoyens.

À la faveur de la vague de démocratisation, le multipartisme a accouché d'une nouvelle forme de perversion, née d'un certain type de mobilité des acteurs politiques.[35] Ces derniers instaurent progressivement la culture du reniement de leur formation politique d'origine pour capturer les dividendes politiques que procure l'alignement à la mouvance présidentielle.

La transhumance[36], on le sait, renvoie à cette migration saisonnière des animaux. Au Sénégal, la notion a été élevée à la dignité de concept opératoire traduisant ce mouvement consistant à rejoindre une formation politique adverse et/ou un homme politique, souvent précédemment voués aux gémonies, avec la garantie ou l'espoir de bénéficier de sinécure. Le transhumant est toujours en attente à l'image de l'animal qui court derrière d'autres prairies. Ou autre cas de

---

[35] Alpha Amadou Sy, http://ichrono.info/index.php/mobile-it-2/item/1086-entretien-avec-le-philosophe-ecrivain-alpha-amadou-sy-la-notion-de-transhumance-reste-une-des-plus-operatoires-pour-elucider-un-certain-type-de-mobilite-des-acteurs-politiques.

[36] Alpha Amadou Sy, « *L'expérience démocratique sénégalaise : De « L'enfermement fataliste » à l'ère des alternances politiques », Les élections au Sénégal,* Colloque de SGeGIS, Université Gaston Berger de Saint-Louis, Salle des Actes du Rectorat, 25 mars 2014.

figure, qui n'est point antinomique aux précédentes, le responsable politique qui a dû confondre sa poche avec celle de l'État. Le fautif est d'autant plus prompt à chercher à se mettre sous les bonnes grâces des nouveaux gouvernants qu'il veut se faire oublier à l'heure des comptes, que toute bonne République se doit d'exiger de la part de ses citoyens qui ont eu à gérer ses deniers.

Évidemment, on peut être tenté de minorer la portée de ce type de mobilité, au regard de la mort supposée des idéologies. Qui plus est, la perversion serait d'autant plus un phénomène surdimensionné que, en vérité, souvent le même parti se démultiplie à l'infini, rendant dérisoires, voire inexistantes les divergences idéologiques.

Il est vrai que dans le processus historique des formations politiques émergent, mais elles se montrent pratiquement incapables de se départir de la culture du parti unique. Partant, avec un fonctionnement interne constamment décrié, le cadre politique implose dans les rares cas où il se risque à des renouvellements ou lors des débâcles électorales. Ce cas de figure est très prégnant au Sénégal, pour nous en tenir essentiellement au landerneau politique que nous connaissons le moins mal.

Ainsi, une formation politique comme le Parti Démocratique Sénégalais a été victime d'une véritable hémorragie le long de cette décennie. Compte non tenu du Bloc des Centristes *Gaïndé*[37], de l'éphémère Parti Libéral Sénégalais, de *Rewmi,* et du parti actuellement au pouvoir, l'Alliance pour la République, tous sortis de ses flancs, de sa défaite électorale a résulté la naissance d'une multitude de formations politiques. Ces dernières ont été créées par d'anciens collaborateurs de Maître Abdoulaye Wade qui

[37] Lion, en wolof.

s'efforcent de renouer avec l'initiative en se redéployant sur le champ politique avec leur propre cadre politique.[38]

Néanmoins, sans ouvrir ici le débat sur la mort des idéologies, une sentence elle-même proclamée à partir d'une posture idéologique, il importe de souligner que la question n'est pas tant l'idéologie en tant que telle, que la raison qui sous-tend l'action et l'engagement politiques. Or, le transhumant range l'idéal, l'éthique et les scrupules aux oubliettes au profit d'un investissement politique froid qui procure, dans le ici et le maintenant, des postes de sinécures.

Dans cette dynamique au cours de laquelle l'éthique est mise en exil, le transhumant est souvent pris à défaut de reniement d'autant qu'il se vend, en général, en excellant dans l'art de brûler sur la place publique ce qu'il chérissait, et de vouer une allégeance d'un autre âge à la personne qu'il s'était évertué à traiter de tous les noms d'oiseaux. Et le triomphe de la stratégie des vases communiquant explique le retour des mêmes perversions dans l'espace politique. Les nouveaux pouvoirs oublient souvent les véritables acteurs de leur propre avènement ; ce faisant, ils n'envisagent de massification que sous le mode du recrutement dans les rangs des anciennes formations défaites !

Sous un autre rapport, la critique de la transhumance déborde la dimension morale et même éthique pour trouver son prolongement dans la pérennisation du crime économique. Dès l'instant où les Présidents Directeurs Généraux (PDG) et Président de Conseil d'Administration (PCA) sont nommés, non en fonction de leurs compétences

---

[38] Pape Diop, ancien Président du Sénat, crée La Convergence Libérale Bokk *gisgis (Unité de vue)*, Souleymane Ndéné Ndiaye, dernier Premier ministre du Président Wade, Union Nationale pour le Peuple. Ses anciens ministres empruntent cette voie avec Dr Abdoulaye Baldé, qui met sur pied l'Union Centriste du Sénégal, Thierno Lo, Alliance pour la Paix et le Développement, et Modou Diagne Fada, les Démocrates réformateurs.

avérées, mais selon le critère des quotas politiques, la bureaucratie et ses corollaires, à savoir le clientélisme et la corruption, sapent les fondements du développement économique et social. Les dirigeants des sociétés nationales, dans la mesure où ils sont choisis en vertu de leur capacité supposée de mobiliser les populations et de leur degré d'allégeance au pouvoir politique, s'inscrivent en porte à faux par rapport aux normes de la « *gouvernance vertueuse* ».[39]

Cette pérennisation du crime économique devient d'autant plus la norme que le promu ministre ou PDG est sommé d'avoir une base politique et de gagner dans sa propre localité. Une telle exigence prédispose le militant au détournement multiforme, afin de disposer des moyens que requiert la gestion d'une cour politique. Les biens mal acquis sont redistribués, d'une certaine façon, dans les réseaux de soutien de la mouvance présidentielle. Ce phénomène, sous bien des rapports, transforme les levées de boucliers contre l'enrichissement illicite en véritable épée dans les eaux de la prédation.

Faudrait-il aussi intégrer la question, à la fois, de bonne gouvernance et de gestion des hommes subséquente à ce type de mobilité des politiciens ? L'insertion des transhumants, au-delà de la logistique qui l'accompagne, engendre un dysfonctionnement dans la gestion républicaine. Quand quelqu'un se retrouve dans un service, non pas en vertu de ses compétences intrinsèques, mais comme protégé de tel ou tel, il est dans la posture d'un sujet qui échappe aux règles en

---

[39] Mamadou Moustapha Samb, ancien directeur de la SONEES, avait décrié cette carence en ces termes : « *Je pense que la gabegie et les normes de gestion dans nos sociétés sont d'abord liées au choix des acteurs qui dirigent ces sociétés, à leur style de management ; nos acteurs ont peut-être des références acquises, mais il leur manque souvent la culture d'entreprise. Les sociétés nationales sont souvent conduites de façon politique, un peu comme l'État.* », cité dans *Africanisme et théorie du projet social,* op cit ; p. 290.

vigueur et peut être amené à nager à contre-courant non sans narguer son chef. Ce sont ces dérives et perversités du clientélisme politique qu'amplifie la transhumance.

Il s'y ajoute l'équation de l'intégration du transhumant dans sa nouvelle formation politique. Il est difficilement accepté par ceux qui se considèrent comme des militants de la première heure. Pire, en général, le transhumant est un ex-adversaire politique, battu à plate couture dans son propre fief. Si en plus, il est soupçonné de traîner des casseroles, son intégration dans son nouveau biotope devient plus qu'hypothétique.

B/L'ÈRE « DES REVISIONS DECONSOLIDANTES »

Pas plus que l'instauration du multipartisme, l'adoption de nouvelles constitutions à la faveur de la démocratisation n'a pas eu l'effet escompté sur l'avènement d'un État de droit. La suppression du parti unique n'a point entraîné l'éradication de la culture du parti unique. Ainsi, très tôt, les chefs d'État africains, incapables d'envisager leur avenir ailleurs que calfeutrés sur les fauteuils douillets de la Présidence, ont vite vécu la limitation des mandats comme des mesures draconiennes qui réduisent à néant leur ambition de perdurer dans leur fonction.

Avec cet état d'esprit, alors que la sacralité de la Loi fondamentale est telle qu'un éminent théoricien du droit comme Montesquieu recommande de « *n'y toucher qu'avec des mains tremblantes* », les présidents d'Afrique[40], surtout francophone, vont faire du tripatouillage constitutionnel un de leurs jeux favoris.

Dès lors, la question qui hantait leurs nuits était bien la suivante : comment s'accommoder d'une constitution démocratique, dont la vertu est de générer des rentes, tout en s'assurant les conditions pour rester au pouvoir aussi

[40] L'exception confirmant la règle, on peut citer du bout des doigts les rares dirigeants qui ont su résister à cette tentation.

longtemps que les pères-fondateurs ? Pour résoudre cette bien épineuse équation, ils feront preuve d'ingéniosité en allant de la manipulation la plus banalisée de la Loi fondamentale à l'extraction pure et simple de la constitution de la disposition ayant trait à la limitation des mandats.

Évidemment, la constitution étant une œuvre humaine, il est impensable d'en exclure toute révision. Ainsi, si Montesquieu recommande de n'y toucher qu'avec des mains tremblantes, il veut signifier que la révision reste l'exception et non la règle, et que cette révision participe, en principe, à son amélioration la plus positive possible.

En fonction de ce garde-fou, le Professeur Ismaïl Madior Fall s'est exercé à cette clarification sémantique : *« Contrairement aux révisions consolidantes, qui ont pour dessein d'approfondir la démocratie et l'État de droit, les révisions déconsolidantes, elles, sont les textes modificatifs de la Constitution qui ont pour fonction, manifeste ou latente, la remise en cause de principes constitutionnels assimilés à des "acquis démocratiques" ou de conserver des institutions à utilité controversée ».*[41] Pour avoir usé et abusé de cette forme de révision constitutionnelle, surtout le long du mandat de Maître Abdoulaye Wade[42], le Sénégal constitue un cas d'école.

---

[41] Ismaïl Madior Fall,... « *De la désaffection vis-à-vis de la Constitution à la naissance du patriotisme constitutionnel protestation du 23 juin 2011* », in Chronique *d'une révolte, photographies d'une saison de protestation*, Koyo Kouch, catalogue du RAW (Raw Material Company, Dakar, 2012, op cit, p. R 45.

[42] Le comparant avec Diouf qu'il considère comme un partisan du dialogue politique, Pr Fall renchérit : « En revanche, avec Wade, bien des réformes constitutionnelles déconsolidantes (parfois même consolidantes) ont été adoptées dans une ambiance polémique privilégiant le rapport de force sur la recherche du consensus : révisions relatives à la prorogation du mandat des députés, au vote des militaires, à la création du Sénat, à la dévolution de la suppléance au président du Sénat, à la suppression du CRAES, à la création du Conseil éco-

À la suite du Pr Babacar Guèye, il importe, tout de même, de souligner avec force que le pays de Senghor n'a pas adopté le principe de la limitation au lendemain du Sommet de la Baule : « *introduite pour la première fois par la loi n° 70-15 du 6 février 1970, la clause limitative des mandats présidentiels sera remise en cause par la loi n° 76-27 du 6 avril 1976. Elle sera réintroduite par la loi n° 91-46 du 6 octobre 1991 portant révision de la Constitution. La limitation des mandats à deux sera supprimée à nouveau avec la révision du 10 octobre 1998* »[43].

La clause limitative des mandats présidentiels sera remise au goût du jour à la faveur de la toute première alternance politique, survenue au Sénégal en février-mars 2000. Juriste de formation, acteur politique des plus emblématiques de l'histoire du Sénégal postcolonial, Maître Abdoulaye Wade, qui venait d'accéder à la magistrature suprême à l'issue d'un scrutin dont la transparence était incontestable, avait sans doute toute la latitude de prendre pleinement conscience de toutes les perversions que pouvait générer la mise entre parenthèses de cette clause.

L'espoir était d'autant plus fondé, que dans l'euphorie de sa prestation de serment du 01 avril 2000, dans un stade de quatre-vingts mille places, plein comme un œuf, il avait lâché avec force et solennité : « *L'exercice du pouvoir solitaire est terminé en Afrique ; voici venu le temps de la République des citoyens* ». Il s'agissait plus qu'une allusion à la longévité des présidents africains, avec un clin d'œil certainement particulier à Abdou Diouf et à son prédécesseur

---

nomique et social, à l'annulation du mandat du président de l'Assemblée nationale et à l'instauration d'un vice-président », Ibidem. CRAES, Conseil républicain des affaires économiques et sociales.

43 Pr Babacar Gueye, «Transitions démocratiques et limitation des mandats en Afrique », https://www.filepicker.io/api/file/MBmy FD 2kR yeawv4BeOhR, p. 6.

Léopold Sédar Senghor ; chacun d'eux ayant comptabilisé vingt ans d'exercice du pouvoir.

Cette préoccupation, qu'imprègne fortement l'esprit républicain, est explicitement prise en charge dès l'acte inaugural du nouveau Chef d'État. Avec cet acte majeur d'un Maître Abdoulaye Wade très versé dans le droit constitutionnel, et crédité de solides convictions républicaines, tout laissait croire que le Sénégal allait dorénavant consentir à « *ne toucher à la Constitution qu'avec une main tremblante* ». Pour avoir, pendant près d'un quart de siècle, fait les frais des perversions d'un État dans l'incapacité notoire d'être en adéquation avec les principes démocratiques, le pari n'était que des plus légitimes.

Mais cette espérance a juste eu la durée d'une rose. Nonobstant son vote qui a bénéficié d'un consensus plutôt mitigé[44], la nouvelle Constitution elle-même était inscrite dans la perspective du dévoiement de l'idéal originel de l'alternance du 19 mars 2000.

Pour s'en convaincre, il importe de réaliser que les nouvelles autorités avaient laissé en l'état ces questions essentielles, relatives au présidentialisme, à la représentation démocratique, et aux rapports entre l'État et le parti. Pire, en délestant du nouveau texte de cet élément de rupture qu'est le régime parlementaire, Maître Abdoulaye Wade et ses camarades et alliés avaient renié l'une des pièces-maîtresses du projet politique de la Coalition Alternance 2000 sous la

---

[44] Le débat, auquel on était en droit de s'attendre en bonne démocratie, n'avait pas eu lieu, faute de contradicteurs. Les forces coalisées, ayant toutes intégré la mouvance présidentielle, à l'exception du Parti de l'Indépendance et du Travail et du *Jëff Jel*, avaient voté, presque les yeux fermés, pour la nouvelle Constitution. Quant au Parti socialistes et ses alliés, ils étaient suffisamment traumatisés par la défaite électorale pour réunir les conditions de constitution d'un véritable pôle oppositionnel.

houlette de laquelle ils s'étaient victorieusement présentés à la présidentielle.

Or, le présidentialisme, dans la mesure où il réduit à sa plus simple expression le pouvoir de l'Assemblée nationale, fait le lit de bien des perversions dont la moindre n'est sans doute pas le patrimonialisme. Son enterrement au premier plan est significatif en ce qu'il renseigne sur la fin de la prise en charge des préoccupations citoyennes par le nouveau cours politique qui s'approprie le mécanisme de reproduction de l'ancien pouvoir.

Cette révision constitutionnelle sera suivie d'une série de réaménagements de l'agenda électoral. Ainsi, Maître Wade prit la décision de reporter les élections législatives, prévues en mai 2006. Cette mesure, expliquera-t-il, participe du souci de rationalisation des finances publiques afin de venir en aide à ses compatriotes, victimes des inondations de 2005.

Il n'en fallut point plus pour provoquer l'ire de l'opposition politique. Selon un de ses porte-parole, en l'occurrence Me Abdoulaye Babou, le report des consultations ne garantit pas ipso facto une économie financière dans la simple mesure où les frais d'entretien des parlementaires au nombre de 120 devraient s'étaler sur huit mois supplémentaires. Pour persuader du caractère éminemment politicien de ce report, il fera observer : « *il existe un fonds des calamités naturelles ; le président a plusieurs ressources pour mobiliser de l'argent, s'il le voulait* ».[45]

Mais rien n'y fera : les législatives seront bien programmées pour mai 2007. Pire, n'ayant vraisemblablement pas cure de cette vive protestation de l'opposition politique, pourtant investie, entre autres, de la mission républicaine de veiller au respect des règles du jeu politique, Me Wade resta fidèle à cette stratégie. Aussi le

---

[45] Nous renvoyons à notre livre déjà cité *L'Afrique face au défi républicain.*

report sera-t-il encore de rigueur à l'occasion des élections locales. Prévues en mai 2007, elles seront repoussées à mai 2008, puis en mars 2009. Cette modification de l'agenda électoral a été justifiée par les libéraux, par les effets collatéraux de l'adoption par l'Assemblée nationale du projet de loi faisant passer les régions du Sénégal de onze à quatorze.

Le Secrétaire général du PDS et président de la République du Sénégal se soumettra à cet exercice avec une fréquence déconcertante. Pour preuve, l'expert en droit constitutionnel, Pr. Ismaël Madior Fall, a décompté pas moins de quinze révisions constitutionnelles dont cinq seulement intègrent la catégorie des dites « consolidantes ». L'on comprend, dès lors, pourquoi les formations politiques de l'opposition, tout comme la société civile dans ses démembrements les plus actifs, n'ont cessé de dénoncer ce jeu favori de Me Wade qu'est le tripatouillage constitutionnel.

En tout état de cause, cette instrumentation récurrente de la Constitution, en laissant progressivement en rade les aspirations citoyennes, densément exprimées par la mobilisation exceptionnelle des Sénégalais en 2000, a creusé un fossé entre les populations, toujours confrontées à la question de survie et les nouvelles autorités, obsédées qu'elles sont par la conservation de leur pouvoir. De cette situation, a résulté l'absence d'un dialogue politique qui incitera Wade à renouer avec… l'exercice solitaire du pouvoir dont il avait pourtant déclaré la fin en Afrique.

Persuadé d'avoir mis, pour de bon, l'opposition politique sous sa coupole, aveuglée par le magnétisme du pouvoir et se méprenant sur la capacité de réaction de ses concitoyens, Me Abdoulaye Wade finit par faire les frais de sa stratégie du tripatouillage constitutionnel. Ainsi, pour s'être aventuré à convoquer l'Assemblée nationale, le 23 juin 2011, pour une énième révision constitutionnelle, le vieux dirigeant libéral s'attira les foudres des Sénégalais, mobilisés avec ce slogan si révélateur à la fois de leur ras-le-bol et de leur détermination : « *Touche pas à ma Constitution !* »[46]

Pour être édifié sur la puissance de cette onde de choc citoyenne, il convient de rappeler que ce projet de loi instaurait, en plus du poste de président, celui de vice-président ; l'un et l'autre étant élus sur la base d'un même ticket. » Plus précisément, le projet stipule en son article 6 : « Le *vote a lieu en un premier tour au scrutin de liste majoritaire. Un ticket est déclaré élu s'il vient en tête de l'élection et réunit au moins le quart des suffrages exprimés* ».

Pour les citoyens-électeurs, cette constitution n'était pas seulement irrecevable du fait qu'elle revenait subrepticement sur la limitation des mandats présidentiels. Elle l'était aussi parce qu'elle semblait participer de la volonté prêtée à Me Abdoulaye Wade de procéder à moyen ou long terme à la dévolution monarchique. [47] De toutes les manières, le 23 juin 2011 consacre la reconquête de la souveraineté par les Sénégalais, dans la rue, avant de s'exprimer avec éclat dans

---

[46] Cf. *Le 23 juin ou la souveraineté reconquise*, plus précisément le chapitre premier « Touche pas à ma Constitution » ou Mourir pour la République », op cit, p.23.

[47] Cf. *L'Afrique face au défi républicain* op. cit, et surtout *Le 23 juin ou la souveraineté reconquise*, Renseignant sur l'objectif de ce dernier ouvrage, nous écrivions : « *Pour avoir été un détonateur remarquable, le projet du ticket présidentiel, au cœur de cet énième tripatouillage constitutionnel, ne saurait constituer l'unique cause de ce puissant mouvement citoyen du 23 juin 2011 qui a ébranlé bien des certitudes quant à la capacité des Sénégalais à défendre avec succès et détermination les consistants acquis démocratiques et sociaux, arrachés au terme de longues et patientes luttes. Partant de cette hypothèse, il est question de voir comment l'enchevêtrement d'un certain nombre de facteurs a fini par sortir les citoyens de leur torpeur pour se dresser comme de véritables remparts contre l'arbitraire et la dérive monarchique.* », pp. 18-19.

les urnes par la défaite électorale sans appel de Me Wade à la présidentielle de mars 2012[48].

Excepté ce projet de dévolution monarchique que le leader du PDS a sans doute emprunté aux modèles congolais et gabonais[49], le Sénégal, pour l'essentiel, apparaîtra comme un véritable laboratoire politique où sera expérimenté tant ce qu'il y a de meilleur que de pire dans la démocratisation dans les pays africains.

Ainsi, bien des pairs de Me Wade se mettront à l'école sénégalaise du tripatouillage constitutionnel avec des fortunes diverses. Si au Burkina Faso, Blaise Compaoré a été emporté par le puissant mouvement citoyen qui s'est opposé à son malencontreux projet de remise en cause de la clause limitative des mandats présidentiels, le président Mamadou Tandja, au Niger, connaîtra une issue beaucoup plus heureuse. Usant de la voie référendaire, il parviendra à substituer à la Constitution 1999 la sienne dont la particularité est d'avoir fait voler en éclats l'article 36, portant justement sur la clause limitative des mandats présidentiels.

En revanche, beaucoup plus laborieuse sera la victoire qui couronne, en 2015 la tentative du Burundais Pierre Nkurunziza de briguer un troisième mandat à la présidence de la République. Élu pour la première fois président de la République en 2005 et réélu en 2010, il ne sut résister à cette tentation. Sa candidature, bien que contraire à la Constitution de son pays, promulguée en 2005, est pourtant validée par la Cour constitutionnelle du Burundi. Mais la situation conflictuelle qui en a résulté a installé, jusqu'à ce jour, le pays dans une zone de turbulence grosse de tous les dangers.

---

[48] Cf., Alpha Amadou SY, *Les présidentielles de mars 2012 ou le triomphe de la volonté populaire*, Paris, édition l'harmattan,

[49] Voir plus loin sous chapitre « De la dévolution monarchique du pouvoir ».

Au demeurant, on peut considérer que ce succès du président Tandja, en 2009, ne s'explique pas seulement par la séparation des plus insignifiantes entre les pouvoirs législatif, judiciaire et exécutif. Il tient davantage à la faiblesse de la société civile. Pour preuve, la vitalité citoyenne en vigueur au Sénégal et au Burkina Faso, surtout au lendemain du fameux « printemps arabe », minore les possibilités d'abuser des révisions constitutionnelles à des fins de conservation du pouvoir.

Il s'y ajoute que le tripatouillage de la Loi fondamentale avait atteint une acuité telle que la CEDEAO avait fait signer à ses membres un protocole rendant irrecevable toute révision constitutionnelle intervenant six mois avant une élection en l'absence de l'avis de la majorité.

Cette mesure dissuasive, dont l'avantage est au moins d'édifier sur l'ampleur de la perversion, conjuguée à l'accélération de la maturation des mouvements citoyens, incitera les nouveaux pouvoirs à éliminer une fois pour toutes la clause limitative des mandats présidentiels.

L'argument principal, fourni à cet effet, en est que limiter les mandats est d'autant plus anti-démocratique qu'aucune Constitution - fût- elle la plus républicaine- ne saurait se situer au-dessus de la volonté populaire. Qui plus est, renchérissent les partisans de la suppression de la clause, le complexe défi du développement exige des régimes forts et durables !

Faisant fi du peu de crédit à accorder à une volonté dite populaire telle qu'elle ressort d'un référendum et/ou d'une élection pratiquement peu fiable, le Cameroun en 2008, après le Togo en 2002, puis le Gabon en 2003, rayent de leur constitution la clause limitative des mandats présidentiels. De cette décision qui participe du reniement sans état d'âme des engagements pris dans l'euphorie du Sommet de La Baule, résultera un retour en force, dans ces pays, de l'autoritarisme politique dans sa forme la plus insolite, comme nous le verrons plus loin.

C/DE LA DÉVOLUTION MONARCHIQUE DU POUVOIR

Il a été question plus haut de l'escalade antidémocratique au bout de laquelle le Cameroun, la République Démocratique du Congo (RDC) et le Gabon ont réussi à se débarrasser de la clause limitative des mandats présidentiels. En faisant tomber l'essentiel des barricades érigées contre la résurgence du despotisme politique, ces États ont su, sur le plan des forfaitures politiques, rivaliser avec leurs prédécesseurs, fort distants de la problématique de l'État de droit. Si Paul Biya s'est contenté, par la culture d'un immobilisme politique des plus énigmatiques[50], de battre le record de longévité d'Amadou Ahidjo, le scénario déroulé à la RDC et au Gabon sera du registre de l'impensé ou plutôt de l'impensable politique.

À l'épreuve de la realpolitik et sous l'effet du magnétisme du pouvoir, cette duplicité consistant à se proclamer chantre des principes républicains, tout en menant une politique despotique, a fait long feu. À sa suite, s'ouvre cette ère de l'insolite politique qu'est le filialisme, et dont la République Démocratique du Congo est le premier espace de manifestation.

Pour rappel, un matin de mai 1997, Laurent Désiré Kabila, sans livrer la moindre bataille, fait effondrer le régime dictatorial de Mobutu. Il est vrai que, avec le paroxysme qu'avait atteint la corruption des mœurs politiques au pays de l'« *Authenticité* », sur arrière-plan d'une pauvreté aux origines énigmatiques au regard des immenses richesses naturelles, conjugué à une

---

[50] L'immobilisme du Cameroun, nonobstant les conséquences de la violence dont les militants de l'Union des Populations Camerounaises (UPC), ont été victimes, reste un objet de curiosité politique.

démoralisation par trop évidente des troupes loyalistes, la dictature de trente-deux ans venait de se présenter dans son véritable jour, à savoir un colosse aux pieds d'argile.

Le tombeur de Mobutu assassiné, en 2001, son fils Joseph Kabila est porté à la magistrature suprême. Le gouvernement de transition, qui résulte du dialogue inter-congolais, mit un terme à la guerre en se fixant un délai de deux ans pour l'organisation d'élection qui intègrerait le pays à la normalité républicaine. Ces consultations n'auront lieu finalement qu'en novembre 2006. Joseph Kabila, contrôlant déjà aussi bien l'État que l'armée, sera élu président de la RDC, au deuxième tour du scrutin.

La voie de la dévolution monarchique une fois balisée, des appétits se révélèrent. Cette tragédie politique se convertira, par le truchement de sa réédition en terre gabonaise, en comédie. Nommé par son père ministre de la Défense en 1999, il devient, à la faveur du décès de celui-ci en 2009, candidat du Parti Démocratique Gabonais (PDG) dont il était déjà le Vice-président. À l'issue du scrutin, il accède à la magistrature suprême dans un contexte de vives tensions politiques, nées de la contestation vigoureuse de l'opposition contre le verdict déclaré des urnes.

Contrairement à la RDC et au Gabon qui ont réussi leur coup de force politique, au Sénégal, le projet prêté[51] à Maître Wade de porter son fils, Karim Wade, au Sommet sera réduit à néant par l'impressionnante dynamique citoyenne, portée par des jeunes qui ont préféré le risque de la mort à la certitude de demeurer dans la servitude.[52]

Karim Wade n'aura pas le privilège d'être député comme Aly Bongo, battu à plate couture qu'il a été lors des locales de 2009 ; cependant, il concentrera entre ses mains peu expertes des départements ministériels d'une importance et

---

[51]. Cf. L'*Afrique et le défi républicain*, op cit)

[52] Cf. *Le 23 juin ou la souveraineté reconquise*, op cit.

d'une diversité telles qu'il sera surnommé ministre du ciel et de la terre.

Cette expérience inédite, congolaise et gabonaise, a suscité une curiosité politique qui épouse ici les contours d'un fait polémique, dans l'acception bachelardienne du terme. Il s'agit, à la fois, de l'inauguration de la gouvernance monarchique dans l'espace d'une République dite démocratique que du contexte historique et politique au cours duquel ce mode successoral a émergé.

Pour cerner ces deux aspects de la seule et même problématique, force est de rappeler que la République démocratique s'édifie là où les rapports civils dissolvent progressivement les liens grégaires hérités des sphères communautaire clanique, ethnique et familiale.

Aussi la République, tout en sauvegardant les intérêts spécifiques et individuels des citoyens, se plie à une exigence d'universalité, laquelle est aux antipodes de la défense des intérêts d'une faction de quelque nature qu'elle puisse être. Dès lors, elle promeut le civisme que Montesquieu a élevé à la dignité d'un paradigme républicain ainsi formulé : « *le civisme est la préférence de l'intérêt général à l'intérêt personnel* », non sans ajouter, « *ce qui n'est pas chose aisée* ».

Par conséquent, pour assurer l'ancrage social de l'idéal démocratique par l'exemplarité des actes qu'elle pose, l'autorité publique est mise en demeure d'être en phase avec l'éthique républicaine. Celle-ci, là où elle est vigueur, contribue à cultiver le sens de l'équité et de la transparence, qui préserve la République de toutes formes de perversions, y compris le péril patrimonialiste. Or, les Chefs d'État, en confiant à leurs enfants des postes de responsabilités dans l'espace présidentiel, comme conseillers spéciaux et/ou ministres, s'inscrivent en rupture avec ce fondamental qu'est le paradigme évoqué plus haut. Et le basculement dans la monarchie, tout au moins dans l'autoritarisme politique, devient fatal quand ses citoyens d'un statut particulier accèdent à l'exercice de la fonction présidentielle.

Certes, il est parfaitement recevable d'objecter contre ce point de vue en soutenant que dès l'instant où leurs compétences sont avérées, c'est une exigence de s'en tenir à la Déclaration universelle des Droits de l'Homme et du Citoyen qui stipule que tous les citoyens étant d'égale dignité, ils ne peuvent être distingués que sur la base de leur mérite.

Cependant, cette position est doublement sujette à caution. D'abord, il en est de la clause limitative des deux mandats présidentiels comme de cette discrimination « positive » à l'endroit des enfants des présidents africains. Ce sont des mesures conservatoires qui visent à juguler, autant que faire se peut, le retour de l'autoritarisme politique.

Pour se convaincre de la portée dissuasive de cette discrimination, il importe de voir comment les conflits d'intérêt ont risqué de ruiner les fondements d'une République aux assises encore incertaines comme le Sénégal.

Le processus, qui devait mener le fils du président Wade vers le sommet de l'État, a été enclenché pratiquement par un bras de fer entre le Chef de l'État et l'un de ses plus proches collaborateurs, Macky Sall. Pour avoir convoqué Karim Wade, afin de répondre aux interpellations des députés, relatives aux travaux de l'Agence nationale de l'organisation de la Conférence Islamique (ANOCI), le numéro 2 du PDS allait s'attirer les foudres du père[53].

---

[53] CF Alioune Fall, *Macky Sall, Contre vents et marées*, Paris, L'Harmattan, novembre 2015. L'auteur, qui confesse « *n'avoir aucune prétention à l'objectivité* », eu égard à sa proximité avec Macky Sall a largement informé le lecteur sur les tournants décisif du parcours du quatrième président de la République du Sénégal. Sur ce point précis du conflit d'intérêt, il révèle : « *Ainsi, la transmission du courrier invitant le fils du président Wade devant la représentation nationale va*

Il est vrai que, faute d'avoir adressé ladite convocation au président de la République, censé autoriser l'audition de Karim Wade, un vice de forme est vite établi. Mais dans le contexte où Karim Wade avait déjà mis sur pied son mouvement, dénommé la Génération du concret, ce manquement prenait les accents d'un crime-lèse-majesté.

Aussi une pétition fut-elle vite signée par des députés mettant en demeure le Président de l'Assemblée nationale à rendre le tablier. Dans cette escalade, Me Wade, en dépit de sa triple qualité d'avocat, d'ancien opposant et de gardien de la Constitution, fera preuve d'un parti pris par trop évident. Dans sa volonté de trancher en faveur de son fils, il n'hésitera pas à courir le risque de ruiner le principe sacro-saint de la séparation des pouvoirs exécutif et législatif. Sa mise en demeure, sous ce rapport, a été sans équivoque : « *Il faut que tu démissionnes !*[54] »

Revenant sur son objection à l'injonction du père de Karim Wade et Chef de l'État sénégalais, Macky Sall clarifie : « *Je ne veux pas cautionner, en démissionnant, un complot contre les institutions de la République et la démocratie. Ma démarche obéit à une position de principe qu'est le respect des institutions de la République* ». [55]

---

déclencher les hostilités. Devant son monde, le papa présidentiel s'offusque de l'acte qu'il attribue à Mack Sall, accuse celui-ci de vouloir provoquer la perte de son fils et s'engage à « laver l'affront dans le sang. »Sic », p.118.

54 Le quotidien Walfadjiri du 29 décembre rapporte l'entretien entre le président Abdoulaye Wade et le président de l'Assemblée nationale : « *Maitre Wade : Il faut que tu démissionnes ; Macky Sall : Je ne pense pas démissionner de cette façon ; Maitre Wade: A bon, tu veux un bras de fer? Macky Sall : non !; Maitre Wade : le problème aujourd'hui, c'est que j'exige ta démission. Comme tu refuses de le faire, je vais m'adresser à la nation. Macky Sall : je m'en tiens aux principes républicains.* »

55 *Le Quotidien* 03 janvier 2008).

À ce risque de la forfaiture républicaine, il s'y ajoute que la compétence de ces conseillers et/ou ministres aux liens consanguins si prononcés est rarement à l'abri de tout soupçon.[56]

Quant au contexte historique et politique, la curiosité est qu'on est en droit de tout reprocher aux pères-fondateurs des nations africaines, sauf d'avoir coopté leurs progénitures dans l'espace du pouvoir. Ainsi de Senghor et de son successeur, Abdou Diouf, qui avaient adopté sur cette question une attitude résolument républicaine. À notre connaissance ni Houphouët-Boigny, ni Ahmet Sékou Touré, ni Amadou Ahidjo n'ont flirté avec l'idée d'une dévolution monarchique du pouvoir.

Et, sans doute, l'on eût compris que ce soient ces pères-fondateurs qui aient inauguré le filialisme, intégrés qu'ils étaient dans une dynamique du règne sans partage du parti unique.

Comme mentionné plus haut, la réduction de l'espace politique au cadre par trop étroit du parti au pouvoir avait trouvé son corollaire dans l'identification de l'idée même de contre-pouvoir à la subversion pure et simple. Cette

---

56 Cette question est densément présente dans nos analyses, depuis au moins 2005. Dans un de nos dossiers sur cette forfaiture, Mamadou A Ndiaye et moi avions convoqué, à ce sujet, cette critique du Professeur Abdoulaye Bathily : « *Je regrette, Karim n'a aucune expérience pour occuper ce poste de président de l'Agence nationale de l'O. C. I ; il n'a pas d'expérience démocratique, il n'a pas d'expérience professionnelle pour occuper ce poste – là. Combien de temps a- t-il travaillé dans la fonction publique sénégalaise ? Quelle fonction a- t-il occupé au Sénégal pour pouvoir occuper la tête de cette Agence, pour préparer une conférence internationale de l'O. C. I ? Il n'en a pas l'expérience : s'il est un spécialiste des finances il n'a qu'à aller au ministère des finances faire son cursus comme tous les fonctionnaires qui ont fait vingt ans de carrière. Il n'a aucun mérite particulier ni politique ni professionnel au Sénégal. C'est parce que son père est président de la République qu'on l'a nommé à ce poste –là. C'est ça le problème*». (Pop 12 sept.2005).

approche unidimensionnelle avait débouché sur le musèlement des cadres d'expression de la société civile et des formations politiques de l'opposition politique. Il en avait résulté une personnification à outrance du pouvoir qui eût engendré le filialisme. On aurait même pu, dans ce cas de figure, incriminer à tort ou à raison la culture africaine. Et pourtant les « *pères fondateurs* » des nations africaines n'ont, sous ce rapport, jamais franchi le rubicond.

Pour toutes ces considérations, l'avènement de ce « *filialisme* » dans l'espace politique africain constitue un véritable insolite politique. Abordant cette question dans notre livre *L'Afrique et le défi républicain*, auquel nous renvoyons le lecteur, nous avions mis à profit les analyses de François Xavier-Verschaft au sujet de la gestion des Affaires africaines par la France au lendemain du décès de Georges Pompidou.

Renonçant au système pyramidal et fortement centralisé autour de Jacques Foccart, Valéry Giscard D'Estaing, élu de la droite, inaugure la gestion népotique que François Mitterrand, élu de la gauche, qui plus est futur maître d'œuvre du Sommet de la Baule, va paradoxalement renforcer. À l'auteur de La *françafrique* d'être plus explicite : « *Plus dangereusement, François Mitterrand a placé son fils Jean-Christophe à la tête de la cellule africaine de l'Élysée, l'autorisant à nouer d'inextricables relations avec quantité de fils et de filles d'autocrates africains.* »57

Nicolas Sarkozy nourrira l'ambition d'étendre le filialisme hors de la Cellule africaine, avec le projet de son fils Jean Sarkozy, étudiant en 2ème année de droit, de briguer la présidence de l'É.P.A.D (Établissement public d'Aménagement du quartier des Affaires de la Défense). Le

---

[57] Ibidem, p.289.

tollé qui s'ensuivra fera revenir le fils à la norme républicaine[58].

Le secrétaire national du P.S à la rénovation, Arnaud Montebourg, s'indignera en ces termes : « *Dans la Déclaration des Droits de l'Homme de 1789, il est dit que les postes sont attribués selon les capacités et les mérites, c'est ça une République digne de ce nom. Mais quel est le mérite de Jean Sarkozy, à part d'être le fils à papa ? Cette prise de guerre clanique et familiale*, poursuit-il, *ce n'est pas que du népotisme, c'est la destruction, par les pratiques du pouvoir, de l'esprit républicain et de la République elle-même* «.[59] Formulant sa critique dans l'axe de la dénonciation du patrimonialisme en gestation, Manuel Valls, en sa qualité de député P. S de l'Essonne, s'en prendra à cette stratégie qui vise «*une reprise en main du clan Sarkozy* » *sur "le coffre-fort que représente le département" des Hauts-de-Seine* ».

Il renchérit : « *Je ne doute pas un seul instant que ce garçon ait du talent, mais il est le fils du président de la République, il est le fils de l'ancien président du conseil général des Hauts-de-Seine, et on sent bien qu'il y a une reprise en main du clan Sarkozy sur le département, sur le coffre-fort que représente le département le plus riche de notre pays.*

---

[58] La solidité du rempart républicain ayant eu raison de la déraison politicienne, Jean Sarkozy, concéda à l'attention des téléspectateurs de France 2 : « *Mon devoir, c'est de prendre conscience d'une situation qui peut me dépasser, d'en prendre acte. Je ne suis pas sourd, je ne suis pas aveugle* ». Revendiquant une tradition purement républicaine, il poursuit, en affirmant son opposition à ne pas vouloir d'une "*victoire qui porte le poids du soupçon". Soupçons de "passe-droit", de "favoritisme", de "traitement de faveur », cité dans L'Afrique et le défi républicain,* p. 221.

[59] Arnaud Montebourg, http://tempsreel.nouvelobs.com/actualite/ politique/20091012.OBS4283/jean-sarkozy-a-l-epad-le-ps-s-eleve-unanimement.html.

Lui faisant écho d'une certaine manière, François Hollande traque le paradoxe du Chef de l'État français en ces termes : « *Ce n'est pas moi, c'est Nicolas Sarkozy qui, dans la campagne présidentielle, a dit que le système de nominations, de l'organisation du pouvoir en France, serait exemplaire s'il devenait président de la République. Eh bien aujourd'hui, c'est un contre-exemple.* » Conscients que la dégradation du tissu éthique demeure un des signes avant-coureurs du péril des sociétés, les citoyens français, toutes tendances politiques confondues, se constituèrent en véritable rempart de la République.

La solidité du bouclier citoyen en France n'a sans doute pas permis l'extension du filialisme en vigueur dans la Cellule africaine sur les autres segments du pouvoir. En revanche, il sera très bien tropicalisé, avec une célérité déconcertante, au Congo et au Gabon.

La fréquentation de la Cellule africaine et ses animateurs a dû fort malencontreusement inspirer certains Africains. Et nous ajoutions : « *Et si on ignore le degré d'implication de la France dans ce mode de succession sait-on au moins que, pour le Gabon, sa "neutralité" a été des plus éloquentes. Alors que le Front du Refus du coup de force électoral attendait la suite accordée à son recours et que la population était encore sous le coup des émeutes, le président français s'est "acquitté de son devoir" de féliciter le fils de celui qu'il appelait Papa* »[60].

La mise en exergue de cette mobilisation républicaine est une leçon de science politique. Elle montre que si, sous tous les cieux, les pouvoirs ont une propension « naturelle » vers des dérives autocratiques, il reste que le mouvement citoyen là où il est vigoureux sert de véritable rempart. Ce n'est point pour rien que les théoriciens du droit de la trempe de Montesquieu ont moult fois insisté sur la nécessité d'institutionnaliser les contre-pouvoirs. Dans un tout autre

---

[60] Alpha Amadou Sy, *L'Afrique et le défi républicain*, op cit, p.220.

registre, cette riposte des citoyens français invite à faire preuve de beaucoup plus de circonspection dans l'analyse des déterminants du mal-être de l'Afrique.

En plus des facteurs internes qui ont compromis l'émergence d'un véritable mouvement citoyen à même de s'imposer comme rempart au despotisme politique, force est d'intégrer les impacts de l'interventionnisme étranger. Si aujourd'hui les pays des Grands Lacs ont du mal à décoller, c'est dans la mesure où leurs richesses naturelles ont aiguisé bien des convoitises. Ce faisant, pour préserver leurs intérêts, « les partenaires au développement » n'ont eu guère de scrupules à recourir aux stratégies les plus perfides pour faire prévaloir un conservatisme aux antipodes de tout progrès.

Dans cet esprit, toutes les tendances politiques présentant un tant soit peu de velléité de rupture avec l'ordre colonial, ont été combattues, et, bien des fois, de manière féroce. D'un même mouvement, des tares les plus inhibitrices de la culture africaine ont été densément mises à profit pour asseoir les bases du parti unique. Ainsi, le clanisme et l'ethnicisme ont été pratiquement érigés en absolus dans l'espace politique, accouchant du coup et de sa privatisation et de celle des ressources naturelles.

La profondeur de l'ancrage du parti unique, avec son hégémonie exercée sur la quasi-totalité des segments de la vie économique et sociale, a été telle que sa suppression n'a pas engendré celle de la culture du parti unique. Aussi celle-ci a-t-elle d'autant plus eu le loisir de refaire surface, dans l'axe de la démocratisation, que le Sommet de la Baule a promu un formalisme républicain fondé sur le fétichisme des institutions.

Partant, il est devenu aisé à certains États africains de porter le masque institutionnel dont le trompe-l'œil garantit le statut démocratique. Or, ce formalisme républicain devient le terreau de toutes les perversions, en tant qu'il est toujours solidaire de la multiplication d'institutions qui n'ont de républicaines que le nom, dans la mesure où elles élaguent du mécanisme de leur fonction leur âme, nous voulons dire l'esprit républicain dont le citoyen, noyau dur du projet démocratique, est l'unique porteur.

IV

LA TARE ORIGINELLE OU LA CITOYENNETÉ MISE EN EXIL

La démocratisation, en réduisant le pluralisme politique au multipartisme, à la liberté d'expression, à la mise en place formelle d'une pléthore d'institutions et à l'organisation de scrutin toujours sujet à polémique, a ajouté aux perversions déjà connues de nouvelles formes. Au nombre de celles-ci la transhumance politique, le tripatouillage constitutionnel et le filialisme. Et ces perversions sont, en réalité, en germe dans la problématique de la démocratisation, telle qu'elle a été formulée par « *les partenaires au développement* ». Pour s'en persuader, il convient de voir la filiation idéologique entre la théorie de la bonne gouvernance et celle du « *gap approach* ».

A/L'INFLÉCHISSEMENT IDÉOLOGIQUE DE L'ANTHROPOLOGIE AMÉRICAINE

Si l'anthropologie américaine a été créditée d'un succès indéniable auprès des peuples épris de paix et de leurs leaders historiques, c'est au regard de sa critique peut être pas radicale, mais tout de même virulente de l'ethnocentrisme d'un autre âge à l'œuvre dans le discours ethnologique. La rupture dans la perception de l'Autre qu'elle inaugure s'opère à partir d'une relecture sémantique de la notion même de civilisation. Celle-ci, désormais identifiée à la culture, n'est plus arbitrairement réductible aux peuples chrétiens détenant la technique et la science. Est-il besoin de le rappeler : une telle approche confinait la civilisation dans le seul univers des Occidentaux et ravalait, d'un même mouvement, les peuples autres au rang de sauvages et, dans le « meilleur » des cas, de barbares ?

La thèse cardinale de l'anthropologie américaine est que la culture est « ... *un tout complexe (...) qui comprend la connaissance, la croyance, l'art, la morale, le droit, la coutume et toutes autres aptitudes ou habitudes acquises par l'homme en tant que membre d'une société* [61] ». Il résulte alors qu'il n'existe pas de société sans culture, que les cultures sont diverses et toutes d'égale valeur.

Au demeurant, les conséquences de cette rupture sémantique vont bien au-delà de la sphère scientifique pour s'étendre dans l'espace politique, voire idéologique. Pour preuve, elle autorise les animateurs de cette école, dont Herskovits qui a mis en fonction le concept de relativisme culturel, de s'en prendre aux prétentions des européocentristes à cerner des réalités autres sous l'éclairage exclusif de catégories explicatives produites par leur propre expérience d'Occidentaux.

La perspective politique, qu'ouvre cette rupture notionnelle, est de garantir un fondement théorique au mouvement des indépendances, en tant que le relativisme culturel qui en est la résultante, inscrit, dans ses ultimes conséquences, le droit inaliénable des peuples à disposer d'eux-mêmes.

Intégrant cette donne, tout en prenant la pleine mesure de l'accentuation de la diversité culturelle à la faveur de l'accès de nouvelles nations à la souveraineté internationale, le Bureau exécutif de l'*American Anthropological Association* a été suffisamment vigilant pour chercher à déjouer le piège de l'occidentalisme. Cette disposition d'esprit est fort translucide dans cette interrogation qu'il a formulée au moment de rédiger un Projet de déclaration à soumettre à la

---

[61] E D Taylor, *Primitive culture*, cité par Maurice Freedman in L'anthropologie *sociale et culturelle, Tendances principales de la recherche dans les sciences humaines*, IIème partie, Tome II, p. 58.

Commission des Droits de l'Homme des Nations-Unies : « … *Comment la déclaration peut-elle être applicable à tous les êtres humains, et ne pas être une déclaration de droit conçue uniquement dans les termes des valeurs dominantes dans les pays d'Europe occidentale et d'Amérique ?* [62]»

Ainsi, ce contexte est d'autant plus favorable aux luttes d'émancipation des peuples sous domination coloniale que, en plus du pôle dirigé par les USA, l'autre entité, issue de la Conférence de Yalta 1945 et dont le chef de file est l'URSS, défendait le même principe du droit des peuples à disposer d'eux-mêmes. Dans le même mouvement, les deux puissances s'accordent à penser que c'est un impératif, pour les pays nouvellement indépendants, d'absorber leur retard accusé dans leur développement.

Toutefois, là où les Soviétiques considèrent que la voie royale pour combler ce gap est l'avènement des démocraties populaires, les Occidentaux imposent la stratégie du rattrapage telle qu'elle ressort de la théorie des étapes de la croissance de Rostow. Il s'agit dans ce cas de figure d'impulser le développement par le transfert de technologie.[63]

Cependant, le désenchantement, survenu à peine deux décennies après les indépendances, allait ébranler bien des certitudes. L'exacerbation de l'autoritarisme politique, sur toile de fond d'une paupérisation toujours plus accentuée, la lourdeur de moins en moins supportable du Service de la dette et la généralisation à un niveau surréaliste de pratiques prédatrices, étaient devenues des preuves on ne peut plus patentes du bourbier auquel avait mené cette stratégie.

L'échec naît précisément du fait que cette théorie, mise en pratique par les experts de la Banque Mondiale pour résoudre

---

[62] Cité par Gérard Leclerc, *Anthropologie et colonialisme*, Paris, édition Fayard, 1972, p. 156.

[63] Cf. *Africanisme et théorie du projet social*, sous chapitre base théorique du diffusionnisme, p ; 175.

les problèmes du Tiers-monde, emprunte de beaucoup à l'ethnocentrisme occidental. En élevant à la dignité de l'absolu le modèle occidental, ils ont malencontreusement mis entre parenthèses les institutions sociales des pays du Tiers-monde. Dès lors, la rectification qui s'impose se décline en ces termes : prendre en compte les différences entre les institutions occidentales et celles en vigueur dans les pays sous-développés pour combler la déficience de ces derniers.

En vérité, cette nouvelle approche prend forme et consistance à partir d'un infléchissement de la thèse essentielle du relativisme culturel. S'il est désormais admis que tout groupe social développe « *un des arcs des possibles culturels* [64]», force est de reconnaître tout de même que des peuples se sont inscrits dans des trajectoires culturelles foncièrement antinomiques aux exigences essentielles du développement. Aussi le transfert technologique que recommande la théorie des étapes de la croissance économique, quoique nécessaire, n'en reste-t-il pas moins insuffisant pour venir à bout du sous-développement.

Dès lors, l'urgence est d'absorber les déficiences en insufflant à la mentalité ce stimuli qui, en garantissant la rationalisation des institutions sociales, les rendra du coup aptes à créer les conditions optimales de la productivité. Inspirés par le behaviorisme, les nouveaux anthropologues feront de « *l'achievement motive* », le besoin d'accomplissement, cette énergie psychique. Il s'agit là de l'ossature de la théorie particulariste du développement du flanc de laquelle sort la notion-fétiche de « *governance of development* », pouvoir au service du développement.

Sous l'éclairage de cette nouvelle approche, il se donne à lire que les causes profondes du mal-être de l'Afrique sont désormais à situer dans « *des phénomènes tels que la*

---

[64] Ruth Benedict, *Échantillons de culture (Patterns of culture)* 5ème éditions, Paris, édition Gallimard, p.57.

personnalisation excessive du pouvoir, le déni des droits fondamentaux de la personne, la corruption généralisée et la prédominance des gouvernements non élus et n'ayant de compte à rendre à quiconque. »[65]

À l'évidence, ce diagnostic, tant par sa tonalité que par sa teneur, n'est pas sans rappeler, avant la lettre, celui qui sera établi par F. Mitterrand au Sommet de la Baule. Cependant, s'il est indéniable que la démocratisation s'abreuve à la source idéologique de la théorie particulariste de développement, il demeure que la sommation à instaurer l'État de droit a subrepticement versé dans le culte des institutions.

B/LE GLISSEMENT VERS LE FÉTICHISME INSTITUTIONNEL

L'influence idéologique de la théorie particulariste sur la sommation issue du Sommet de la Baule devient plus explicite sous l'éclairage de la filiation historique.

Le banquet politique franco-africain, qui a mis en honneur le concept de bonne gouvernance, a été tenu en 1990. Or, vers les années 1980 déjà, les institutions de Brettons Woods qui « vulgarisent » le concept auquel, informent Bratton et Rothschild, des praticiens des ONG et des Organisations internationales de développement s'étaient très tôt familiarisés.

Pour rendre explicite la nouvelle orientation, cette clarification conceptuelle s'impose : « *la gouvernance diffère du pouvoir, lequel ne présuppose pas la légitimité. Bien que la gouvernance soit mise en pratique par les élus politiques, elle se manifeste dans les conditions (pratique en deçà des présupposés théoriques) d'existence des citoyens.*

---

[65] Goran Hyden, *Gouvernance et Étude de la politique*, in *Gouverner l'Afrique,* Textes réunis par Goran Hyden et M. Bratton, traduits de l'américain par Brigitte Delorme, by Lynne Rienner Publischers, Inc, 1992, p.8.

Cela signifie qu'un État fort n'a guère de chance de se former s'il ne peut se fonder sur une société pleine de vitalité »[66].

L'autoritarisme est d'autant plus pourchassé que le pouvoir doit marcher désormais sur ses deux jambes que sont la légalité et la légitimité. Aussi s'agit-il d'une certaine manière d'un retour, pour ainsi dire, à l'orthodoxie rousseauiste qui assoie l'État sur l'obéissance librement consentie ; laquelle obéissance découlant du contrat fondateur de la communauté politique, de la *res publica* pour ainsi dire. L'accent est mis sur l'expression citoyenne qui confère à la société toute sa vitalité.

Dans cette logique, le pluralisme politique, loin d'être confiné dans le carcan inhibiteur du multipartisme, se traduit par l'implication, d'une façon ou d'une autre, de toutes les franges de la société dans le jeu politique, entendu comme renforcement de la gestion rigoureuse, transparente, concertée et contrôlée du pouvoir. Partant, dans les nouvelles conditionnalités, il est question de renforcer la légitimité de la sphère publique en ne faisant bénéficier de l'aide que les États qui consentent de se laisser « *opposer des freins et des contrepoids que l'on mettrait entre les mains d'une population active, consciente et capable de s'organiser*[67] ».

Cette densité de l'expression citoyenne n'a pas bénéficié de la même attention dans la sommation issue du Sommet de La Baule qui a officialisé dans l'espace franco-africain le concept de bonne gouvernance. Sans être quantitativiste, il est loisible de faire remarquer que, dans son discours, François Mitterrand n'a prononcé qu'une seule fois le mot citoyen. En revanche, la référence aux structures, institutions et administrations a été fort abondante. Ce penchant témoigne de la portion saugrenue réservée au sujet républicain, pourtant noyau dur du système démocratique.

---

66 M Bratton et D.Rothchild, Ibdidem, p.379.

67 Ibidem p377

Cette appréhension est confirmée de la manière la plus explicite qui soit par le président de la République française : « *J'ai naturellement un schéma tout prêt : système représentatif, élections libres, multipartisme, liberté de la presse, indépendance de la magistrature, refus de la censure*[68] ».

Sous une forme d'inconscient largement partagé par les différents « *partenaires au développement* », le projet démocratique imposé aux Africains sera délesté de la subjectivité qui, pourtant, est la seule à lui garantir son efficience. À ce sujet, ce propos, extrait du discours de l'ancien Chef de l'Exécutif américain, Barack Obama, et prononcé au Ghana, en juillet 2009, soit près de vingt ans après le Sommet de La Baule est fort symptomatique de cette conception réductionniste de la démocratie : « *Alors ne vous y trompez pas : l'histoire est du côté de ces courageux Africains, et non dans le camp de ceux qui se servent de coups d'État ou qui modifient les constitutions pour rester au pouvoir. L'Afrique n'a pas besoin d'hommes forts, mais de fortes institutions* »[69].

En recommandant d'extirper sine die l'homme fort, c'est-à-dire le puissant dictateur, du système politique, les partenaires en sont venus à oublier qu'il faut des hommes suffisamment imprégnés de l'esprit républicain afin que les institutions soient dotées de cette âme qui garantit leur efficacité. Aussi avions-nous reproché[70] à cette approche d'avoir versé dans le culte des institutions en faisant l'impasse sur la qualité des hommes. Or, sous l'éclairage des péripéties des expériences démocratiques, il ressort sans

---

[68] François Mitterrand, *Discours de la Baule*, op. cit.

[69] Discours Ghana juillet 2009, http://www.voltairenet.org/article 161021 .html.

[70] Cf. Alpha Amadou SY, *Le 23 juin ou la souveraineté reconquise, les élections présidentielles de mars 2012 ou le triomphe de la volonté populaire*, op cit.

équivoque que les institutions politiques sans esprit républicain sont restées sans substance, de même que l'esprit républicain, sans de solides structures d'accueil, s'étiole.

Au demeurant, ce formalisme républicain a rendu facile la manœuvre des dictateurs, très tôt portés à arborer le masque institutionnel trompe-l'œil pour bénéficier des dividendes de la démocratisation.

Ainsi, au lendemain du Sommet de La Baule, bien des chefs d'État avaient subitement épousé l'air du temps, en adoptant le schéma tout prêt du président de la République française. Au nombre de ceux-ci, Oumar Bongo du Gabon et Mobutu du Zaïre, qui avaient, dans un passé récent, ouvertement reproché au Sénégal de s'être malencontreusement aventuré dans l'instauration de ce régime encore prématuré pour les Africains qu'est la démocratie[71].

Mais les effets salutaires de la démocratisation ont quasiment vécu le temps d'une rose. Et paradoxalement, les hommes forts renaquirent de leurs cendres au lendemain des rocambolesques transitions politiques. Comme mis en évidence plus haut, la transhumance et le tripatouillage constitutionnel ont été les expressions caricaturales du multipartisme et de la sacralité de la Loi fondamentale.

Quant aux institutions républicaines, elles ont essaimé à l'échelle des espaces politiques nationaux comme des champignons après la pluie. Leur contribution aux avancées démocratiques est d'autant plus demeurée sujette à caution qu'elles donnent l'impression de servir davantage à recaser le personnel politique qu'à participer à l'édification d'une véritable République des citoyens.

---

[71] C'étaient à l'occasion des troubles consécutifs aux élections de 1988, avec la montée en puissance sur la scène politique de la jeunesse sénégalaise, dont l'impact politique était inversement proportionnel à son implication effective dans le scrutin.

La mainmise de l'Exécutif se traduit par la nomination des inconditionnels du président de la République à la tête des institutions les plus représentatives. À ce propos, le cas du Gabon est l'un des plus révélateurs : la présidente de la Cour constitutionnelle, Madame Madeleine Mborantsuo, dont la fonction est, entre autres, de trancher sur les éventuels contentieux électoraux, n'est personne d'autre que la belle-mère par alliance du Chef de l'État.

On comprend alors pourquoi dans ces pays une Cour constitutionnelle qui tranche pour l'opposition - comme au Niger et aux Comores- est davantage l'exception que la règle. Même un pays comme le Sénégal, crédité d'un vécu démocratique relativement consistant, n'est pas à l'abri de la contestation des plus récurrentes du verdict du Conseil constitutionnel.[72]

[72] De « la polémique du Conseil conditionnel de 1993 », au verdict qu'il a livré au sujet du projet de révision constitutionnelle porté par Son Excellence Macky Sall, en passant par l' admission de la candidature de Me Abdoulaye Wade au scrutin de février 2012, les avis du Juge électoral ont toujours été l'objet de vives contestations.
L'avis du Conseil constitutionnel, au sujet de ce dernier projet de révision constitutionnelle avait soulevé un débat tel que quarante-cinq professeurs de droit et de science politique ont cru devoir, à haute et intelligible voix, porter la contradiction à cette auguste institution. Sans avoir la compétence de dire qu'elle est la position la plus juste, nous pouvons, tout au moins, noter que cette controverse en même temps qu'elle témoigne de la vitalité du système politique sénégalais, renseigne sur la profondeur du malaise. Cf. Référendum au Sénégal : 45 professeurs de droit et de science politique contre l'avis du Conseil Constitutionnel, http://www.dakar-echo.com/referendum-au-senegal-45-professeurs-de-droit-et-de-science-politique-contre-lavis-du-conseil-constitutionnel/.

V

TURBULENCES ET CRISPATIONS EN AFRIQUE CENTRALE

Le prêt-à-porter institutionnel, en tant qu'il réduit à sa plus simple expression la citoyenneté, fait le lit des crises politiques aux solutions les plus hypothétiques. Sur ce registre, ce que Lénine a écrit, au sujet des conditions de possibilité des révolutions, reste parfaitement valable pour toute réforme politique d'envergure. C'est la combinaison de l'impossibilité des gouvernés et de celle des gouvernants de vivre comme ils vivaient qui constituent des facteurs objectifs pour le déclenchement des mutations politiques d'envergure. Néanmoins, ces facteurs, à eux seuls, conduisent à des impasses aussi longtemps que des cadres propices pour servir de réceptacle à l'expression de la subjectivité feront défaut.

En l'occurrence, la maturation citoyenne, minorée à tort dans le processus de la démocratisation, ne peut se mesurer qu'à l'aune de la vitalité qui anime la société civile. Plus les différents segments de cette entité s'érigent en véritables contre-pouvoirs, plus l'on est édifié sur la qualité de la participation citoyenne.

Et ce n'est point un hasard, si aujourd'hui le Gabon et la RDC constituent des espaces de manifestations de toutes ces formes de turbulences et de crispations nées du processus même de la démocratisation.

Comme une sorte de rituel, la présentielle gabonaise du 27 août 2016 s'achève sur une virulente contestation. L'opposition, à la tête de laquelle se trouve Monsieur Jean Ping, allait savourer sa victoire quand le verdict, issu des urnes de la province du Haut-Ogooué, la fit passer de la joie au cauchemar. Pour cette région, réputée fief du candidat sortant, les chiffres officiels ont donné 95 % des voix à Ali Bongo avec un taux de participation record, 99/%. Après moult tergiversations liées au manque de confiance en la Cour constitutionnelle, l'opposition gabonaise déposa une requête en bonne et due forme. Mais ce fut peine perdue !

Tranchant avec la réserve habituelle, les observateurs électoraux de l'Union européenne au Gabon n'y iront pas avec le dos de la cuillère pour dénoncer non seulement la « *grande faiblesse du système électoral* », mais surtout d'« *évidentes anomalies observées lors du recensement des votes non rectifiées* »[73]. À haute et intelligible voix, « *l'observatrice en chef, Marya Gabriel*, regrette que "*les doutes sérieux sur les résultats du Haut-Ogooué n'aient pas été levés de manière satisfaisante*"[74].

Par cette prise de position, les observateurs électoraux de l'Union européenne n'avaient pas cette fois-ci versé dans la langue de bois. Celle-ci consistait à dire, invariablement, certes, il est à noter quelques difficultés, mais elles n'ont guère entaché la fiabilité du scrutin. Sortant de ce que certains qualifient de complaisance et d'autres de "précaution diplomatique", ces experts ont eu une position radicale qui, pour le moins qu'on puisse dire, avait conforté l'opposition politique dans ses récriminations et dénonciations.

Cependant, les Gabonais, tout en semblant, dans leur immensité majorité, décrier pour la énième fois un verdict électoral sur toile de fond d'un ras-le-bol contre la mainmise de la famille Bongo sur la quasi-intégralité des richesses du pays, se garderont bien de se mobiliser avec une énergie à la

---

[73] https://fr.news.yahoo.com/gabon-cour-constitutionnelle-valide-r%C3%A9%C3%A9lection-pr%C3%A9sident-ali-bongo-002852940.html.

[74] Ibidem.

hauteur de cet état d'esprit. Ainsi, s'était-il creusé un hiatus entre les tenants du pouvoir, une opposition politique d'autant plus sûre de ses bons droits qu'elle pouvait compter sur la communauté internationale, et des citoyens d'une frilosité paradoxale.

En fait, cette attitude des Gabonais n'est illogique qu'en apparence. Bien des facteurs expliquent cette situation. Celle-ci, une fois soumise à l'examen critique, livre ses vérités qui, toutes, participent d'une certaine circonspection dans l'appréciation du chef de file de l'opposition, en conflit ouvert avec le président fraîchement réélu.

La première est que Jean Ping, convaincu que sa victoire a été usurpée, a exigé le recomptage des voix. Or, rappelle-t-on, lui-même, quand il était président de la Commission de l'Union africaine, s'était vivement opposé à cette procédure, notamment pour les cas de la Côte d'Ivoire et de la Guinée.

Cette politique des deux poids deux mesures a été d'autant plus suspecte que Jean Ping est perçu, à tort ou à raison, par certains comme le candidat des Français. Certes, la complaisance de la France dans la dévolution monarchique du pouvoir gabonais est hors de doute[75]. Toutefois, Aly Bongo n'en a pas moins subi les contrecoups de la froideur qui a enveloppé les relations franco-gabonaises. Celles-ci ont commencé à se détériorer, suite aux plaintes portées contre Oumar Bongo, en 2008.

Cette appréhension a été renforcée par le fait que les grandes puissances aient sans atermoiement penché du côté de Jean Ping. Or, au regard de l'interventionnisme, jusqu'ici affectionné par les partenaires au développement sur

[75] Du règne d'Oumar Bongo jusqu'à ce fameux clash survenu en 2008, la lune de miel entre les deux pays a été telle que le président gabonais a eu ces propos pratiquement connus de tous : « *L'Afrique sans la France, c'est la voiture sans le chauffeur. La France sans l'Afrique, c'est une voiture sans carburant*[14]. »

l'échiquier africain, il est clair que la suspicion ne pouvait que trouver les moyens de s'en nourrir.

Très inspiré, quand il s'agit de conserver son pouvoir, Aly Bongo ne se fera pas prier pour développer un patriotisme stratégique, afin d'ériger une barricade entre Jean Ping et les citoyens. Le succès de cette stratégie est patent, quand on voit certains Gabonais, la fierté en bandoulière, scander à bras levés : "*Halte ! nous avons même violé notre constitution en acceptant la présence d'observateurs étrangers*".

Enfin, dernière raison, il existe une forte crainte de voir le radicalisme de Jean Ping faire long feu. Cette appréhension trouve son fondement dans le fait qu'il n'est pas seulement issu de la mouvance présidentielle, il est aussi membre de la famille présidentielle.

Ayant occupé plusieurs départements ministériels avant et après la parenthèse de sa présidence de la Commission de l'Union africaine, il n'avait quitté l'espace présidentiel qu'en mai 2014.

Quant aux liens consanguins qui édifient sur l'existence d'intérêts certes différenciés, mais pas du tout antinomiques, ce propos, loin de s'épuiser dans l'anecdotique, reste des plus éclairants sur les limites du radicalisme affiché par Jean Ping : "*... Il est fort possible que des tractations se mènent en secret", soulignait un observateur africain, en rappelant que Jean Ping n'était autre que l'ancien beau-frère d'Ali Bongo et que la présidente de la Cour constitutionnelle avait eu deux enfants avec Omar Bongo* »[76].

De toutes les manières, ni le radicalisme des observateurs de l'Union européenne ni celui de Jean Ping ne sauraient se substituer au peuple, sous peine de violer le principe d'autonomie. Là où la maturation citoyenne est de rigueur, le

---

[76] http://www.lefigaro.fr/international/2016/09/23/01003-20160923ARTFIG00381-gabon-la-cour-constitutionnelle-arbitre-la-presidentielle.php.

peuple, exerce son droit à la résistance contre l'oppression, même quand ledit droit n'est pas explicitement consigné dans la Constitution. Le cas échéant, il fait prévaloir la légitimité sur la légalité.

C'est pourquoi en l'absence d'un mouvement citoyen fort, Jean Ping est obligé de mener une bataille à genoux contre un pouvoir dont la légitimité est sujette à polémique. Ainsi, le candidat défait se contente de menaces assorties d'appels désespérés à la communauté internationale. Cette configuration politique qui met aux prises deux démembrements de la classe politique, pour ne pas dire de la mouvance présidentielle, engendre une situation grosse de tous les périls pour le Gabon.

Une crise de cette nature sévit aussi en RDC. Certes, les données du problème ne sont pas identiques, cependant la cause principale de l'impasse politique reste la même : l'absence d'une société civile capable de faire corps avec les partis d'opposition pour faire triompher la volonté populaire.

Pour rappel, ayant hérité de son père le pouvoir, Joseph Kabila avait été mis en demeure, par la clause limitative des deux mandats, de remettre au peuple souverain le pouvoir, en décembre 2016, suite à l'organisation de l'élection présidentielle.

Dès janvier 2015, alertées sur l'éventualité de l'adoption d'un projet de révision constitutionnelle dans l'air du temps, des organisations de la société civile, alliées à des opposants politiques, tentèrent de s'ériger en sentinelles de l'État de droit.

Mais, si de par leurs manifestations, ces Congolais purent étouffer dans l'œuf cette « *révision déconsolidante* », ils furent pris de court par la stratégie du dilatoire mise en place par J Kabila.

Ainsi, faute de pouvoir briguer un troisième mandat, le chef de l'État congolais se donna- t-il les moyens de jouer les prolongations, sous prétexte que le retard de la confection des listes électorales n'autorisait pas la tenue des élections à date échue.

Devant le fait accompli et pas assez fortes pour rééditer en terre congolaise l'exercice de la volonté populaire qui a dégagé Ben Ali, en Tunisie, Hosni, Moubarak, en Égypte, Abdoulaye Wade, au Sénégal, et Blaise Compaoré, au Burkina Faso, les organisations de la société civile et des formations politiques s'empêtrent dans des négociations aux résultats incertains.

Aujourd'hui, les Congolais continuent leur traversée infernale des zones de turbulence. La généreuse médiation des Évêques bute sur la déraison politicienne de la mouvance présidentielle qui, selon toute vraisemblance, préfère le chaos à une transition politique qui, à terme, l'exclurait de l'espace du pouvoir.

VI

DE NOUVELLES CONTRADICTIONS DANS L'ESPACE POLITIQUE DE L'AFRIQUE FRANCOPHONE

Le processus de la démocratisation n'a pas seulement été grippé par son glissement vers le fétichisme institutionnel duquel a résulté le retour en force de l'autoritarisme politique. Il a aussi buté sur cette question majeure : avec quels hommes initier les nouvelles réformes à même de ruiner l'autoritarisme politique ?

Une première réponse, donnée le long des transitions politiques, a été de confier les appareils d'État aux technocrates. Au Bénin, Nicéphore Soglo, Mahma Ousmane au Niger, Pascal Lissouba, en République Démocratique du Congo. Là où les présidents ont persisté au pouvoir, des technocrates sont nommés comme premiers ministres ; ainsi de la Côte d'Ivoire, avec Alassane Ouattara et du Togo, avec Edem Kodjo.

Si les compétences de ces technocrates sont indéniables en matière de gestion des finances ou dans quelque autre domaine, il est non moins clair que, dépourvus de culture démocratique et sans vécu politique, ils ont du mal à faire prévaloir une expertise dans la prise en charge des affaires d'une République. La gestion de la Cité suppose des dispositions particulières dans la mesure où elle demande une expérience certaine pour conduire des hommes différents de par leurs intérêts, de par leurs sensibilités politiques et idéologiques et de par leur caractère. L'univers politique, au sein duquel la générosité des vrais militants des bonnes causes est soumise à rude épreuve par la ruse, voire la roublardise des chasseurs de sinécure, exige un type de formation qui hisse l'acteur à la hauteur des défis à y relever.

En tout état de cause, l'expérience démontre à suffisance qu'un technocrate ne se transforme pas d'un jour à l'autre en fin homme politique. Ce n'est point un hasard si l'un des rares technocrates à avoir fait long feu, dans la gestion des affaires étatiques en Afrique noire francophone, est Alassane Ouattara. Non seulement il a grandi sous l'aile protectrice du chef baoulé, Houphouët- Boigny, mais il aura été à bonne école en sortant victorieux de l'épreuve de l'*ivoirité*, évoquée plus haut.

Ces limites de la perspective technocratique ont balisé la voie à une autre réponse. Celle-ci a consisté, pour les États africains qui ont réussi à éviter le retour en force de l'autoritarisme politique, à remettre sur scène des politiciens « purs et durs ».

Certains de ces États ont pu devenir le théâtre d'alternances apaisées. Les consultations électorales qui s'y sont déroulées ont été jugées, tant par la classe politique, par les citoyens que par les observateurs électoraux, transparentes et fiables. Cerise sur le gâteau, dans des pays comme le Bénin et le Sénégal, des présidents, candidats à leur propre succession, ont parfois fait montre d'esprit républicain en félicitant leur adversaire sans même attendre le verdict du Juge électoral.

Pourtant, cette expérience, au-delà de ses accents novateurs, est porteuse d'un certain nombre de contradictions qui hypothèquent aussi bien l'émergence d'un véritable État de droit que les conditions du développement économique et social.

Il est vrai que l'alternance politique triomphe là où la société civile est suffisamment mature pour encourager la synergie des forces démocratiques. Sans minorer, outre mesure, le rôle des formations politiques de l'opposition dans les réformes démocratiques, il est tout de même établi que ces dernières ne se réalisent pratiquement jamais en l'absence d'une implication systématique des organisations de la société civile.

Néanmoins, le hic est que si la division de l'opposition politique et son manque de lien organique avec la société civile rendent hypothétique l'alternance, l'unité de toutes ces entités, non plus, n'est pas forcément gage d'avancées démocratiques et sociales. La focalisation sur le départ du président sortant trouve son corollaire dans la mise sous le boisseau de toute conviction idéologique - ou de ce qui en reste encore -. De même, le débat sur le programme devient sans objet dans la mesure où son alfa et oméga se réduisent à réunir les conditions de la défaite du candidat au pouvoir.

Dans ces circonstances, les citoyens n'élisent pas le candidat de l'opposition unitaire, mais votent contre le candidat sortant. Du coup, le scrutin, loin d'être l'expression d'un choix éclairé s'appuyant sur la comparaison entre plusieurs programmes politiques et/ou projets de société, se réduit à un rituel.

Cette dynamique unitaire, dont la force constitue sa faiblesse, est le lit de contradictions quasi insolubles. Les forces coalisées, pour battre à plate couture le candidat sortant, se transmutent en mouvance présidentielle. L'idée de prolonger cette coalition demeure largement partagée par des protagonistes qui fonctionnent à partir de ce triptyque : aller en campagne ensemble, vaincre ensemble et gouverner ensemble !

Or, cette entité, appelée à affronter la dure réalité du pouvoir, devient d'autant plus vulnérable à la moindre secousse que ses différentes composantes ne sont fédérées ni sur la base d'un programme consistant ni à partir d'un vécu politique unificateur. Qui pis est, un tel compagnonnage dans l'espace du pouvoir fragilise le pôle oppositionnel contraint de mettre bien du temps pour se trouver des leaders à la hauteur des immenses enjeux que constitue la consolidation des contre-pouvoirs dans toute démocratie, a fortiori dans le contexte de la démocratisation[77].

La première de ces contradictions naît de la difficulté du parti autour duquel s'est constituée la coalition à se défaire des alliances tissées durant les luttes pour la conquête du pouvoir. Cette question est d'autant plus délicate que les alliés, pour avoir contribué à l'avènement de l'alternance politique, considèrent que c'est de leur bon droit que de participer à la gestion des affaires de la cité. Aussi la mouvance présidentielle est-elle toujours fragilisée, écartelée qu'elle est entre, d'une part, les militants de la première heure qui n'entendent pas se faire coiffer au poteau par de « simples alliés » et, d'autre part, les membres des formations coalisées qui ne voient de gratifications que sous le mode du partage de la rente et les dividendes politiques qu'octroie l'exercice du pouvoir[78].

---

[77] Conscients de ces contradictions inhérentes à la nature de ces alliances, nous faisions observer pour le regretter : « ... *Certains partis peuvent accompagner Wade, et particulièrement les formations de Coalition Alternance 2000 qui l'ont investi, tandis que les autres partis (...) auraient dû surseoir à leur participation au Gouvernement, marquer leur différence primitive de la campagne électorale, et faire contrepoids pour mieux réguler le jeu démocratique qui a horreur de l'unanimisme politique*», *Les conquêtes de la citoyenneté*, op cit, p.106. Seule, cette perspective était à même d'assurer au système politique sénégalais, à la fois, sa solidité et sa vitalité. Et l'incapacité de triompher de l'évènementiel au profit du pari sur l'avenir a trouvé son corollaire dans la confrontation avortée entre le PDS, d'une part, et l'AFP (Alliance des Forces du Progrès) et le pôle de gauche, d'autre part. Les conséquences de ce manquement ont été désastreuses pour le projet démocratique au Sénégal. Cf. *L'Afrique le défi républicain*, op p. 39.

[78] Dans notre livre, *Les élections présidentielles*. op cit, nous en avions donné ce cas de figure : « *Ce conflit, parfois larvé, prend des proportions incommensurables quand il s'agit de composer au sein des coalitions. Sous ce rapport, la virulence de l'intervention du Professeur Arona Coumba Ndofféne Diouf, au sujet de la présidence du Sénat,*

Une autre contradiction travaille les formations alliées elles-mêmes. En fait, elles font souvent les frais d'un manquement originel. Celui-ci réside dans le fait de n'avoir pas pris le soin d'élaborer un cahier de charges qui renseigne sur les modalités et la durée de la coalition constituée.

De la focalisation sur l'instant résultent les germes de l'implosion politique du cadre en question. Les facteurs de cette implosion des plus probables surgissent des lignes de fracture qui traversent le parti. Ces lignes cristallisent la divergence des intérêts entre ceux qui ont pu bénéficier de fonctions nominatives et ceux qui occupent des fonctions électives. Alors que les premiers, plus ou moins redevables au président élu, souhaitent prolonger leur séjour dans l'espace présidentiel, les seconds affichent leur ambition première qu'est l'accès de leur formation à la magistrature suprême.

Dans ces conditions, les militants de base, désemparés par cette déchirure, qui prend des fois des accents fratricides, s'ils ne désertent pas l'espace politique, ne se radicalisent pas en rejoignant ceux qui leur semblent dépositaires de la ligne authentique, se prêtent au jeu de la transhumance politique.

En vérité, ces contradictions ne sont que l'ombre portée d'une perversion originelle. La suppression du parti unique, voire de l'autoritarisme politique n'a pas ruiné l'homologie entre les partis au pouvoir et l'appareil d'État. Or, le népotisme et la gabegie, qui ont mis à genoux les économies africaines, ont tenu en cette homologie une de leurs conditions de possibilité.

---

est des plus révélateurs. Balayant d'un revers de main toute perspective de nommer un transfuge de Bennoo Bokk Yaakaar, il aboutit à la disqualification même des proches collaborateurs du secrétaire général de l'Apr. Son argumentaire était ainsi formulé : « Nous n'allons pas laisser le président Macky Sall donner le Sénat à Harouna Dia ou Mbaye Ndiaye. Nous sommes des leaders qui avons renoncé à notre candidature à la magistrature suprême pour soutenir Macky Sall. C'est plus fort qu'un Mbaye Ndiaye ou Harouna Dia », p.135.

La persistance de cette homologie est d'autant plus efficiente que, pour l'essentiel, les forces coalisées n'envisagent leur avenir que dans le séjour de l'espace présidentiel. Ainsi, la mouvance présidentielle devient une entité hétéroclite qui se substitue à la gestion du parti unique originel. Et un tel ancrage devient un obstacle à des réformes politiques d'envergure dans la mesure où il dégarnit l'opposition politique. Pire, il se dégage une forte impression du retour du même, dès l'instant où l'alternance politique promeut un démembrement direct ou indirect de l'ancien parti au pouvoir.

Sous ce rapport, l'expérience sénégalaise qui fait, à tort à raison, figure de modèle, est des plus édifiantes. Le PDS, qui anime les forces coalisées qui font perdre à Abdou Diouf le pouvoir, a été créé comme un parti de contribution. Aussi faisait-il partie des formations politiques les moins radicales. Le fait que son leader historique et charismatique, Me Abdoulaye Wade ait été un transfuge du Parti socialiste, a sans doute de beaucoup impacté sur cette option.

Il s'y ajoute que, en plus de la synergie des formations politiques classiques de l'opposition, le Front pour l'Alternance qui signe la défaite du régime socialiste, en mars 2000, a bénéficié des défections de deux figures des plus emblématiques du parti du président Abdou Diouf. Il s'agit de Moustapha Niasse et de Djibo Leïty Ka, devenus, respectivement, leaders de l'Alliance des Forces de Progrès (AFP) et de l'Union pour le Renouveau Démocratique (URD). Au-delà des voix versées dans l'escarcelle du Front pour l'Alternance (FAL), ces organisations politiques, fraîchement sorties des flancs du Parti socialiste, avaient de beaucoup contribué à l'installation d'une atmosphère radicalement favorable à l'alternance politique.

Une telle configuration finit par donner le sentiment que, en lieu et place d'une alternance politique, il s'agit plutôt d'une rotation du même personnel politique. [79]Ce sentiment est devenu plus prégnant avec la seconde alternance politique, survenue, en mars 2012. Si Me Abdoulaye Wade, ancien socialiste, a accédé au pouvoir dans les circonstances décrites plus haut, il reste qu'il a été tout de même crédité de vingt-six ans d'opposition politique, qui lui ont valu des fortunes diverses.

En revanche, l'Alliance Pour la République (l'APR) du candidat Macky Sall, qui sera son principal tombeur lors de la présidentielle de 2012, ne connaîtra que quelques quatre années d'existence. Mais plus instructif pour notre étude est que le leader de ce parti autour duquel se constitue la synergie des forces démocratiques, en 2012, a été l'un des produits des plus achevés du Parti Démocratique Sénégalais[80].

Plusieurs fois ministre dans les différents gouvernements de Me Wade, puis Premier ministre et Directeur de campagne du PDS, lors de la présidentielle de 2007, et ancien Président de l'Assemblée nationale, numéro deux du Parti libéral, il a gravi pratiquement tous les échelons et gagné bien des galons, avant d'être victime, à son tour, de la *secondophagie*.[81]

---

79 Cf. Mamadou Albert Sy, *L'exercice du pouvoir politique au Sénégal (Léopold Sédar Senghor, Abdou Diouf, Abdoulaye Wade), L'utopie du changement de régime*, Dakar, Presses Universitaires de Dakar, avril 2011.

80 Cf. Alioune Fall, *Macky Sall…*, op cit.

81 Ce néologisme, que nous avons utilisé pour la première fois dans *l'Afrique face au défi républicain, renvoie* à cette forte propension de Me Wade à se débarrasser de ses plus proches collaborateurs, faisant office, à tort ou à raison, de dauphin. Boubacar Sall, Jean Paul Diaz, Fara Ndiaye, Ousmane Ngom, Amina Tall, Idrissa Seck et Macky Sall en ont fait les frais, avant de rebondir avec des fortunes diverses. Notre propos sur cette question était ainsi formulé : « R*are a été l'opportunité de voir un parti aussi « secondphage ». La question, que l'on est en droit de se poser en fonction de cette « secondphagie » du P. D. S, ce n'est pas tant de savoir à qui le prochain tour. Il s'agit de*

Ayant quitté « *la maison du père* » dans des conditions rocambolesques, il créa un parti qui, avant même de s'ossifier, était convoqué sur la scène politique avec cette célérité dont seule l'Histoire a le secret. Ainsi, l'APR, a été obligée de faire face aux Assises nationales[82], ouvertes en juin 2008, de relever, dans une complexe logique de coalition, le défi des locales en mars 2009[83].

Comme si ces épreuves étaient insuffisantes pour accélérer sa maturation, la formation politique de Macky Sall a été interpellée par cet immense déferlement citoyen qui a exprimé la volonté populaire, dans la rue, le 23 juin 2011, avant de la convertir sans équivoque en unités-cartes électorales, dans les urnes, en mars 2012[84].

Si dans ses combats pour la conquête du pouvoir, Me Abdoulaye Wade avait la latitude d'opposer son libéralisme au socialisme d'Abdou Diouf, il en est tout autrement pour son contentieux avec Macky Sall. Leur opposition n'a été ni programmatique encore moins idéologique. Du reste, il a été question plus haut du conflit d'intérêt ayant été à la base de la disgrâce du Maire de Fatick, présenté comme un collaborateur qui a cessé d'obéir au doigt et à l'œil.

---

se demander dans quelle mesure cette formation pourra acquérir cette stabilité que requiert le maintien au pouvoir, qui passe par la longévité et la durée de la collaboration entre principaux leaders d'un seul et même parti. », op. cit, p.169.

82 Ces consultations citoyennes, d'une originalité et d'une fécondité remarquables, ont été menées avec succès par Pr Amadou Moctar Mbow, ancien ministre sous Senghor et ancien Directeur général de l'UNESCO. La qualité des travaux de ce banquet se mesure aussi à l'aune des cadres citoyens (Mouvement du 23) et politique (*Benno Siggil Senegaal* et *Benno Bok Yakaar*) qui peuvent être considérés comme certaines de ses retombées les plus salvatrices pour les conquêtes démocratiques de cette séquence de l'historique du Sénégal.

83 Ce parcours est l'objet du livre *l'Afrique face au défi républicain*, op cit.

84 Ce processus de la rue aux urnes est étudié dans notre livre *les élections sénégalaises de mars 2012*, op. cit.

Ainsi, en dépit du fait d'avoir été directeur de campagne de Me Wade à la présidentielle de 2007, et d'avoir conduit victorieusement la liste du PDS aux législatives de 2007, il sera mis en demeure de migrer de la Primature à l'Assemblée nationale. Pour édifier sur la portée de cette sanction négative, il convient de rappeler que la stature de cette prestigieuse Institution a été systématiquement dévaluée par la mise en place d'un Sénat. Or, ce Sénat a d'autant plus constitué un ombrage pour l'Assemblée nationale qu'il était censé organiser l'intérim du pouvoir en cas de vacance de celui-ci. Nous ne reviendrons pas sur le dernier épisode qui consacre la rupture définitive entre Wade et Macky Sall.

Dans ces circonstances, si Macky Sall a eu le mérite de s'en tenir résolument à la sauvegarde des principes républicains, il reste que l'APR qu'il crée apparaît, sous bien des rapports, comme le clone du PDS. Du coup, l'alternance politique ne consacre pas l'avènement d'un mouvement porteur de programme et défendant une position idéologique s'opposant au statut ante.

Dans ces conditions historiques, l'alternance est d'autant plus altérée que même le personnel politique qui anime le nouveau pouvoir provient du parti-mère, à savoir le PDS. Alors la contradiction initiale refait surface : comment faire du nouveau avec de l'ancien ?

Loin d'être une exception sénégalaise, ce type d'alternance biaisée est survenu au Burkina Faso. Le président Marc Christian Kaboré, a été, à l'instar de l'actuel Chef de l'État sénégalais, un proche collaborateur de Blaise Compaoré[85]. Pour avoir fait ses preuves dans la gestion des effets collatéraux de la dévaluation du FCFA, en 1994, il a été nommé Premier ministre. Puis, dévalué comme Conseiller spécial, il retrouvera les hautes sphères de l'État, en devenant Président de l'Assemblée nationale à la faveur

---

85 https://fr.wikipedia.org/wiki/Roch_Marc_Christian_Kabor%C3%A9.

de sa gestion, satisfaisante pour Blaise Compaoré, de la crise ayant découlé de l'assassinat du journaliste Norbert Zongo.

Comme Macky Sall, il occupera d'importantes fonctions au sein du parti au pouvoir, le Congrès pour la Démocratie et le Progrès (CDP), dont celles de Secrétaire exécutif, puis de président en 2003. Son appréciation très positive des luttes démocratiques en cours au Maghreb et au Niger a concouru à sa démarcation par rapport au régime de Blaise Compaoré. Le divorce entre les deux hommes sera accentué par l'opposition de Marc Christian Kabore, à la « *révision déconsolidante* », visant à rayer de la Loi fondamentale la clause limitative des deux mandats.

Comme Macky Sall, il crée, en janvier 2014, le Mouvement du Peuple pour le Progrès (MPP). D'avoir posé cet acte en collaboration avec 72 anciens du CDP[86] en dit long sur l'inexistence de divergence de fond, mais surtout sur la difficulté de trouver un nouveau personnel politique, afin de résoudre, à la fois la question de la demande sociale et celle de l'instauration d'un véritable État de droit.

Au lendemain du soulèvement des Burkinabés ayant emporté le régime de Blaise Compaoré, Marc Christian Kaboré se présentera à la présidentielle de décembre 2015. Comme Macky Sall, il prendra l'initiative de visiter les 13 régions de son pays. Toutefois, là où son homologue sénégalais a disposé de quatre ans pour consolider sa formation politique, lui il se contentera d'à peine… un an.

Le Bénin, qui continue de s'inscrire dans une tradition de gestion des affaires de la Cité par des technocrates ne fera pas mieux que le Sénégal et le Burkina Faso sous le rapport de l'épaisseur démocratique de l'alternance politique.

Boni Yayi, qui succède au technocrate Nicéphore Soglo, est jusqu'à un mois de sa participation à la présidentielle, président de la BOAD[87]. Il est vrai que, sous

86 Ibidem.

87 https://fr.wikipedia.org/wiki/Thomas_Boni_Yayi.

la présidence de son prédécesseur, il est conseiller technique aux affaires monétaires et bancaires, mais il n'a jamais dirigé une formation politique et n'a eu à occuper aucune fonction élective. Il s'est présenté à cette élection, en 2006, en candidat indépendant.

Patrice Talon, qui remporte la présidentielle, en mars 2016, pas plus qu'il n'a de vécu politique, n'a pas affiché ses différences idéologique et programmatique avec le candidat sortant. Il aurait été le principal soutien de Boni Yayi quand ce dernier était Chef de l'État. Mais un coup de froid se serait installé entre les deux collaborateurs, suite à des « *démêlés avec le chef de l'État dans les affaires de subventions agricoles, du programme de vérification des importations (PVI)* [88]».

Pratiquement, toutes ces formes de perversions qui ont surgi dans la dynamique même de la démocratisation, y compris les alternances altérées, témoignent d'une contradiction originelle : promouvoir la démocratie dans une économie de rente. Pour s'en persuader, il importe de rappeler que la bourgeoisie occidentale, dans son ascension révolutionnaire, a fait prospérer des forces économiques et sociales aux intérêts certes convergents, mais tout de même différenciés. L'histoire de cette classe possédante qui émerge des flancs de la société féodale, est demeurée indissociable des luttes entre factions dont chacune défendait des intérêts spécifiques.

Ces luttes de faction trouvent leur expression idéologique et politique dans l'existence de formations politiques qui se livrent régulièrement à des compétitions ; lesquelles concourent à assurer les conditions de possibilité de l'alternance politique. Cette alternance politique, qui n'entame en rien les intérêts fondamentaux de la bourgeoisie, demeure la voie obligée pour garantir au système capitaliste

---

88 Ibidem.

les réformes économiques et politiques que requiert sa pérennité.[89]

En l'absence de cette relative prospérité économique que la bourgeoisie produit dans son ascension, se construit une économie de rente qui compromet une différenciation consistante au niveau de la couche dirigeante. Celle-ci se reproduit par la mainmise de l'État sur les secteurs vitaux de l'économie nationale et sur les restes que les partenaires au développement décident bien de lui assurer dans l'exploitation des richesses minières, industrielles et halieutiques.

Ainsi, le long des deux premières décennies de l'État postcolonial, l'accaparement de l'essentiel des ressources économiques, a donné une base économique à la promotion de l'autoritarisme politique. L'État-parti, qui règne sous différentes formes, adopte la corrélation entre la capture des ressources publiques et le positionnement politique, comme mode opératoire. Cette corrélation apparaît avec relief dès lors qu'on réalise que c'est sur des bases politiques que sont choisis les directeurs des sociétés nationales.

Mais à force de mettre à profit les ressources de la République pour façonner des carrières dans la perspective d'avoir des sentinelles pour la conservation du pouvoir, les États africains ont donné prétexte aux institutions de Bretton

---

[89] Dans *L'Afrique et le défi républicain*, nous avons illustré ce phénomène par la lutte au sein de la bourgeoisie entre esclavagistes et abolitionnistes : « *Le siècle des Lumières abolit l'esclavage, sous l'influence remarquable des philosophes acquis au principe de l'universalité de l'espèce humaine. Cependant, le triomphe de ce courant, qui contrebalance celui des penseurs liés aux formes d'exploitation les plus rétrogrades, ne résulte pas, tant s'en faut, d'une subite prise de conscience de la nécessité de faire corps avec les principes du droit. Il est largement tributaire de la découverte de la betterave à sucre, dont l'exploitation permet de faire l'économie des frais et risques liés au commerce des esclaves destinés aux corvées dans les plantations de canne à sucre.* », op. cit, p. 185.

Woods pour prendre en main leur économie. Aussi les douloureuses Politiques d'Ajustement Structurel seront-elles imposées à des pays perdus dans les eaux boueuses de la prédation.

Ces États vont faire les frais de ce qui est appelé mondialisation. Ainsi, la coopération multilatérale se substitue à celle dite bilatérale qui relevait, à la vérité, d'une politique de chasses-gardées. Cette mutation met d'autant plus à genoux les pays pauvres que leurs programmes de développement ne sont désormais financés que sous condition d'avoir l'aval des organismes internationaux qui, dorénavant, gèrent à leur convenance les dossiers qui leur sont soumis.

L'une des illustrations des effets pervers est la dévaluation du Franc CFA. Sans doute des dirigeants africains comme Abdou Diouf étaient de bonne foi quand ils assuraient que cette dévaluation était une simple rumeur. Peut-être bien que cette conviction résultait de l'assurance affichée par leurs amis français, eux-mêmes vraisemblablement mystifiés par leur capacité de manœuvre. La méprise est que désormais c'est moins l'Hexagone que l'Union européenne qui décide des grandes orientations à imprimer à la coopération avec le continent noir.

Ce nouveau contexte, qui favorise une privatisation tous azimuts des sociétés nationales, prive l'État du patrimoine qui l'autorisait à assurer sa reproduction. Du coup, sa marge de manœuvre se réduit à la gestion clientéliste de l'espace du pouvoir. Le nombre pléthorique de ministres et de conseillers avec rang et traitement de ministres, les multiples institutions républicaines, attestent du règne d'un mercantilisme politique résultant des différentes crises qui affectent les pays africains.

Une telle configuration contribue à recycler l'homologie entre les partis au pouvoir et l'appareil d'État. Cette situation témoigne d'un état de dénouement économique incompatible avec l'avènement d'une alternance politique qui amènerait au pouvoir des forces économiques à même d'initier des reformes d'envergure qui mettraient les États africains francophones à l'abri du retour du même.

VII

DE LA MÉPRISE AU SUJET DU PROJET DÉMOCRATIQUE

De l'analyse de la réalité politique contemporaine, il ressort que rares sont les alternances politiques, portées par une puissante effervescence populaire, qui ont tenu la promesse des fleurs. Ainsi, de l'élection de François Mitterrand, en mai 1981. L'accession à la magistrature suprême d'un socialiste, après 23 ans de règne ininterrompu de la droite, a été saluée comme un événement majeur qui laissait entrevoir, enfin, l'avènement d'une ère d'une véritable et fraternelle coopération entre la France et ses ex-colonies. Mais si des mutations ont été notées par-ci et par-là, elles n'ont jamais touché à l'essentiel, comme en témoigne le rôle de premier plan que la Françafrique a continué à jouer dans les Affaires… africaines.

Plus récemment, l'élection, sous bien des rapports phénoménale, d'un Américain noir et « d'origine africaine » avait suscité non seulement aux USA, mais dans le monde entier, notamment en Afrique, d'immenses espoirs, il est vrai, parfois, à tort.

Pourtant une approche plus réaliste permettrait de prendre conscience que ce binôme Alternance/déception relève d'une certaine méprise. Cette méprise se donne à lire dans le malentendu articulant, quoique de quelque manière vague et parfois naïve, démocratie politique et démocratie économique.

Pour lever l'équivoque, il n'est point superflu de rappeler que la Déclaration des droits de l'homme et du citoyen de 1789, portée par la bourgeoisie française dans sa dynamique révolutionnaire, a procédé à un inventaire exhaustif des droits de l'Homme. Toutefois, cet inventaire contenait, en lui-même, les germes d'un conflit. Celui-ci résidait dans le fait d'avoir intégré, dans le même mouvement, tant le droit de propriété que le principe de l'égalité.

Le cours de la Révolution française fera surgir l'antinomie entre ces deux droits, laquelle se traduit par deux factions qui engagent une lutte idéologique qui débouche sur la tragédie qui couronne cette expérience française. Cette lutte oppose les Jacobins, militants du principe de l'égalité, et les Girondins, partisans du droit de propriété.

La France accouche d'une révolution qui dévore ses enfants. La Terreur et le IXème thermidor en constituent les moments les plus dramatiques. Et l'envoi à l'échafaud de Robespierre, Saint-Just et Marat n'a pas seulement sonné le glas du romantisme révolutionnaire qui érige en principes sacro-saints les droits à l'égalité et à la liberté. Il témoignait aussi du triomphe du courant qui militait pour la primauté du droit à la propriété. Les forces économiques, qui sortent victorieuses de cette lutte, tournent progressivement le dos au principe de l'égalité pour arrimer l'essentiel des droits de l'homme au triomphe de la logique du marché.[90]

Ainsi donc, dans l'espace européen, lui-même, terre de la formulation la plus rationnelle des droits universels de l'homme, l'écart entre, d'une part, la proclamation des principes, et, d'autre part, leur matérialisation effective n'était que par trop grand. Aussi a-t-il fallu des siècles de combat pour l'égalité afin de faire bénéficier, au-delà de la

---

[90] À ce propos, Stello Lorenzi a formulé cette lucide observation : « *Au moment de l'avènement de la bourgeoisie, on ne pouvait aboutir à autre chose qu'au triomphe de cette bourgeoisie. Les limites du possible ne pouvaient assurer que l'institution d'une démocratie politique ; l'heure n'avait pas sonné pour la démocratie économique* » *Préface à Lutte pour l'égalité, 1793*, Paris, Éditions Du Burin, 1972, p. 26.

liberté du marché, aussi bien de la reconnaissance des dits droits que de leur exercice effectif.

Dans ce contexte précis, il est fort aisé de réaliser toute l'utopie qui imprègne le projet, porté par Robespierre, de faire appliquer, dans les colonies, les droits de l'Homme. Sous cet angle, son engagement est non seulement héroïque, mais surtout révélateur du fait que cette préoccupation était le cadet des soucis de bien des Européens, vraisemblablement focalisés sur la résolution de contradictions de portée plutôt locale.

Pour s'en convaincre, il importe de réaliser que le jeune révolutionnaire mena son combat en solitaire d'autant plus que l'Assemblée constituante, elle-même, ne trouvait mieux à faire « *que de laisser le soin aux propriétaires d'esclaves de décider de ce qui est bon dans les colonies* ».[91] Il est vrai que les « *Amis des Noirs dont Brissot, Condorcet et l'Abbé Grégoire* », entre autres, faisaient leur cette bien noble cause, cependant, ils avaient pratiquement circonscrit leur lutte dans le cadre par trop étroit d'une « *émancipation progressive* ».[92]

Toutefois, cette question de l'application des droits de l'homme, pour avoir été l'objet d'une politique de l'autruche, rebondira le long du procès de l'accumulation primitive du capital. Déjà, les idéologues des forces économiques, que la propriété privée déploie dans l'axe de la conquête des eldorados, en Outre-mer, en avaient fait face en ces termes : comment admettre avec le christianisme que tous les hommes sont frères, tout en maintenant une partie de l'humanité dans l'esclavage ?

La réponse est sans équivoque : certes, ces races font partie de l'humanité, mais elles en occupent l'échelon inférieur, étant donné qu'elles sont ou sauvages ou barbares. Dès lors, la mission du Blanc, qui participe d'un véritable fardeau, est de les intégrer dans la seule et unique civilisation

---

91 http://www.gauchemip.org/spip.php?article1642

92 Ibidem.

dont les critères sont invariablement la technique, la science et le christianisme !

Il n'est sans doute pas utile de revenir sur l'ethnocentrisme à l'œuvre dans cette justification idéologique. En revanche, nous ferons observer que cet ethnocentrisme restera la véritable lame de fond qui imprimera de manière indélébile son cachet à l'essentiel des discours tenus par les Occidentaux sur les autres, notamment les Africains.

Malgré cette discrimination dont l'origine est davantage libérale que raciste[93], la lutte pour l'égalité sera enclenchée dans les colonies. Son impact sera tel que, au lendemain de la Seconde Guerre mondiale, la Déclaration des Droits de l'Homme, renouvelée dans ce contexte, ne pouvait plus faire l'impasse sur le droit des peuples à disposer d'eux-mêmes. De ce point de vue, l'adjectif « universelle » ajouté à cette Déclaration de 1948, sous l'égide de l'ONU, est significatif.

Nous avons déjà vu comment le relativisme culturel, porté par l'école anthropologique américaine, a procédé à une virulente critique de l'ethnologie. Toutefois, les vertus de cette approche ont vite été phagocytées par les enjeux géostratégiques dictés par le cycle issu de Yalta. Ainsi, pratiquement tous les théâtres d'opération des luttes d'émancipation dans les colonies ont vite été transformés en vastes champs de confrontation entre les deux pôles, par tendances des mouvements nationaux interposées.

---

93 Dans son hommage à Amady Aly Dieng, Dr Abdoulaye Diallo a bien fait de rappeler ces propos du regretté « *transmetteur intégral* » : « *L'Europe ne nous a pas colonisés parce que nous étions Noirs* », mais plutôt à cause de « *nos ressources* » in *Doyen Amady Aly Dieng, le transmetteur intégral (1932-2015)*, Dakar, L'Harmattan-Sénégal, décembre 2016 de Abdarahmane Ngaïdè. Dans ce même esprit, est-il besoin de rappeler que la bourgeoisie a opprimé aussi bien les peuples d'outre –mer que le prolétariat européen avec une violence telle que Marx la comparait à ces « *dieux païens qui ne buvaient du sang que dans le crâne de leurs victimes* » ?

Là où les indépendances ont été acquises, la priorité a été accordée à la stabilité des anciennes colonies, au détriment de la promotion des droits et de la résolution de la récurrente question de la demande sociale. Révélateur, sous ce rapport, est le fait que toutes les puissances, de quelques obédiences idéologiques qu'elles soient, ont apporté leur caution au règne sans partage du parti unique. Pire, ce cadre politique a été, selon les pays, confié aux acteurs politiques les moins prompts à porter les intérêts primordiaux de leurs peuples.

Aussi, comme susmentionné, la théorie de la croissance de Rostow, ombre portée du relativisme culturel, a installé les États postcoloniaux dans des zones de très fortes turbulences. La révolte larvée ou ouverte des populations, victimes des contrecoups des Politiques d'Ajustement Structurel et de la dévaluation du franc CFA, d'une part, et les pressions des bailleurs de fonds pour se faire rembourser la dette, d'autre part, fragilisent les pouvoirs africains déjà aux assises des plus précaires.

Sous cet angle, Amady Aly Dieng a eu raison de souligner avec force que le mouvement de la démocratisation tient son origine de cette « *crise de double légitimité de l'État postcolonial* »[94]. L'importance de cette observation est qu'elle nous montre que, contrairement au mouvement démocratique auquel le double ancrage social et historique dans l'espace social européen, confère une épaisseur indéniable, la dynamique en faveur de l'instauration de l'État de droit a été impulsée, en Afrique noire francophone, par des facteurs exogènes.

Cette observation attire aussi l'attention sur le fait que les bailleurs de fonds et autres partenaires au développement, initiateurs de ce modèle, ont été mus par tout, sauf par des raisons humanistes et philanthropiques. Ils demeurent

---

[94] Amady Aly Dieng, Préface à l'ouvrage de Francis Akindès, *Les mirages de la démocratie en Afrique subsaharienne francophone*, Dakar, Codesria, 1966, p.1.

essentiellement motivés par le souci de redéployer l'État postcolonial, suite à la fin du cycle issu de la Conférence de Yalta de 1945, que traduit symboliquement l'effondrement du Mur de Berlin.

La nouvelle configuration de la carte géopolitique mondiale a exigé des réformes politiques à même de faire prévaloir, autant que possible, la libre concurrence, incompatible avec la politique des chasses-gardées dont le parti unique a été un des instruments le plus performant. Ce faisant, la dynamique en faveur de l'instauration de l'État de droit débouche sur ce paradoxe des plus déconcertants : tout en se proposant de ruiner les bases de l'autoritarisme, ce mouvement laisse intacte la structure qui porte « *cette violence économique inhérente à ce type de politique économique*[95]».

Aussi au nom de « *vive les droits de l'homme* », les mêmes forces, qui ont soumis les citoyens occidentaux, déploient des stratégies qui renforcent les structures qui font le lit de la paupérisation des peuples africains.

Faute de cerner ce mode d'expression des échanges inégaux, les Africains sont déçus ; un véritable quiproquo s'installe dès l'instant où il est question de taux de croissance. Les bailleurs de fonds avancent des critères bien spécifiques pour adresser des satisfecit à tel ou tel État, pour avoir réussi tel taux de croissance, alors que, pour les citoyens, ce taux de croissance ne peut se mesurer autrement qu'à l'aune de ses retombées sur le panier de la ménagère !

---

95 Amady Aly Dieng, Ibidem.

VIII

HÉGÉMONISME ET ÉTAT DE DROIT

Compte tenu de l'impasse décrite plus haut, il n'est point exagéré de dire que le mouvement de la démocratisation n'est pas, jusqu'ici, la solution à cette crise de la double légitimité des États postcoloniaux qu'il était censé résoudre pour de bon en Afrique noire francophone. Pire, il est même loisible de noter que, du fait de cet autre paradoxe qui s'est incrusté dans sa trajectoire, ce mouvement a contribué à rendre plus critique la situation des pays de l'espace africain.

Ainsi, au moment même où quelques derniers inconditionnels de la lutte armée commencent à être convaincus que le pouvoir n'est pas au bout du fusil, les Occidentaux transportent, en terre africaine, la démocratie par les tanks, dramatiquement expérimentée en Irak et au Koweït. Or, cette stratégie de feu, avec tout le désordre violent qui lui est intrinsèque, pas plus qu'elle n'a prospéré dans les États du Golfe, n'a permis aucune avancée en Afrique.

À ce sujet, la destruction de l'État libyen en est une illustration des plus dramatiques. Ainsi, aux contradictions précédentes, qui tenaillaient les pays du Sahel, elle a rajouté densément de nouvelles qui ont pour noms menace terroriste transnationale, circulation terrifiante des armes dans la zone soudano-sahélienne et flux migratoires. Désormais, dans ces nations, encore en gestation, la priorité, jusqu'ici accordée à l'autosuffisance alimentaire, à l'éducation et à la santé, est contestée par cette autre, relative à la sécurité et à la gestion d'un flux migratoire d'une densité sans précédent dans l'histoire de l'humanité.

Et sans doute parmi tous ces pays qui ont fait les frais de la destruction de l'État libyen, la crise malienne apparaît comme l'expression la plus concentrée du chaos qui en a résulté. L'espérance démocratique, revigorée à la faveur de ce qui a été appelé le printemps arabe, a viré au cauchemar avec l'éclatement du scandale politico-militaire. L'occupation du Nord de ce pays par des djihadistes, le coup d'État contre le Général Amadou Toumani Touré, et l'obsolescence des moyens matériels de l'armée malienne finirent par révéler au grand jour la véritable réalité politique.

Le processus démocratique du Mali, des plus prometteurs, a subi les contrecoups de la destruction de l'État libyen. Si l'intervention de la France a permis de mettre un terme à la progression djihadiste, elle n'a pas, en revanche, empêché des attaques ciblées qui ont installé le pays dans une insécurité qui hante tout le peuple malien.

Cet enlisement des pays du Sahel, suite au chaos libyen, révèle que l'enjeu de ce jeu macabre était moins l'instauration d'un État de droit que la tentative de faire main basse sur les richesses naturelles de ce pays. Pour s'en convaincre, il suffit de rappeler que la désapprobation ne vient pas seulement des milieux progressistes d'Europe encore moins des intellectuels d'obédience de gauche, mais aussi des parlementaires britanniques eux-mêmes.

Signe des temps ! Ils reprochent à l'axe franco-anglais d'avoir outrepassé la résolution des Nations unies en obéissant à des intérêts nationaux et personnels inavoués : *« Un engagement politique aurait pu permettre de protéger la population, de changer et de réformer le régime à un coût moindre pour le Royaume-Uni et la Libye. Le Royaume-Uni n'aurait rien perdu en suivant ces pistes, au lieu de se focaliser exclusivement sur le changement de régime par des moyens militaires. »*[96] Cette responsabilité de certains pays occidentaux sur le malaise du continent témoigne, à la fois, de la continuité des visées hégémonistes et de la persistance du préjugé ethnocentriste.

Comme susmentionné, la décolonisation n'a pas mis un terme à l'hégémonisme, loin s'en faut ! Au contraire, il a trouvé son prolongement dans la conservation de la quintessence de l'administration coloniale, assortie de l'élimination de tous les leaders susceptibles, un tant soit peu, de donner la priorité à la souveraineté de leurs peuples sur les propres richesses.

À ce propos, cet éclairage de François Xavier Verschaft est des plus édifiants : « *Lorsque des leaders marxistes ou déclarés comme tels sont écartés ou éliminés, ils le sont d'abord pour leur ferveur indépendantiste, qui menace d'amputer le pré carré. Ce fut le cas de Ruben Um Nyobé, d'Outel Bono et de Thomas Sankara (...) tous trois plus militants qu'idéologues. Au Congo, au Bénin, ou à Madagascar, les "purs et durs", Nguesso, Kérékou ou Ratsiraka ont connu de plus longues carrières.* »[97]

---

[96] Royaume Uni : des parlementaires mettent en cause la décision de Londres d'intervenir en Libye », http://www.lemonde.fr/interna-tional/article/2016/09/14/des-parlementaires-mettent-en-cause-la-decision-de-londres-d-intervenir-en-libye_4997210_3210.html#8H5gXYXpR6jgI2Ek.99.

[97] François Xavier Verschaft *La Françafrique, le plus long scandale de la république*, Paris, Éditions Stock, 1998, p. 153. Les tenants de l'ordre hégémoniste éliment certains leaders du continent noir, à qui ils reprochent de défendre les intérêts de leurs peuples et, d'un même mouvement, confient les leviers de commandent à leurs inconditionnels. À ce sujet, cette confession de Bongo à Zyad Liman de Jeune Afrique est des plus pertinentes : « *C'est une anecdote que j'ai découverte en lisant le premier tome de « Foccart parle ». En 1965, le Pr L. Mba, mon prédécesseur, voulant savoir si le jeune que j'étais saurait plaire au Général De Gaulle, Foccart a pris rendez-vous pour moi avec le Général à Paris. Tout le monde savait que je passais un*

Des bruits de bottes du Congo du martyr de Patrice Lumumba à l'expédition punitive contre Mouammar Kadhafi, en passant par les mésaventures du mercenaire Bob Denard, l'implication de firmes pétrolières[98] dans le chaos de la région des Grands Lacs, constituent autant de théâtres d'opérations de l'hégémonisme qui, sans scrupules, dicte sa loi, et ce au nom de la raison… démocratique.

Et concomitamment à la pérennisation de l'interventionnisme, l'ethnocentrisme est parvenu à survivre aussi bien à la période de la traite négrière qu'à celle de la décolonisation. Ainsi, en dépit des formulations des plus critiques, et parfois aux allures d'autocritique de quelques Occidentaux, son essence continue d'imprégner l'essentiel du discours idéologique de l'Occident sur l'Afrique.

Pour preuve, la théorie du moment mise en honneur, à savoir « le *gap approach* », tout en fustigeant l'ethnocentrisme à l'œuvre dans la perspective de Rostow qu'inspire l'évolutionnisme, le remet au goût du jour sous la forme du manichéisme. Cette approche, en envisageant de ne faire sortir les États postcoloniaux de leur impasse que par le doping (*Acheviement motive*), édifie à plus d'un titre, sur sa fixation sur le modèle libéral.

Au demeurant, ce fétichisme du modèle occidental confère une fraicheur certaine à la controverse ayant opposé les animateurs du culturalisme et les idéologues du colonialisme. Cette controverse, comme l'a précisé Gérard Leclerc, ne porte pas tant sur la date d'octroi de l'indépendance que sur

---

examen sauf moi... », « Entretien avec Bongo », Jeune Afrique, N°1980,1997.

[98] Nous écrivions, à ce propos, dans *Africanisme et théorie du projet social* : « *… Les firmes, qui se disputent les ressources naturelles du Congo, sont fortement mises en cause dans cette guerre fratricide. Ainsi, l'irrecevabilité de la plainte de Lissouba contre la firme pétrolière Elf auprès des juridictions francises n'enlève en rien sa portée, en tant qu'elle renseigne sur l'interventionnisme des puissances occidentales dans le jeu politique en Afrique.* », p. 271.

la notion même d'indépendance. Ainsi, rappelant les termes de l'objection de Herskovits à M Perham, disciple du célèbre initiateur de *l'indirect rule*, Frederik Lugard, il écrit : « *La véritable indépendance n'est pas le transfert de l'autorité politique à des groupes qui se chargeraient de continuer l'occidentalisation, de perpétuer la domination des valeurs occidentales. Elle est la persistance à vivre selon des valeurs propres, des valeurs à soi.* »[99]

Précisément, pour le cas libyen, la tentative de faire main basse sur le pétrole et le gaz a comme soubassement idéologique la volonté d'imposer, par tous les moyens, au pays en question le multipartisme, l'exercice des libertés démocratiques et des élections selon le modèle démocratique occidental. Sous ce rapport, la mystification idéologique consiste à prêter au peuple libyen un profond mal-vivre qui proviendrait de la non-observance de ces valeurs occidentales.

Et pourtant, la Libye, sous Mouammar Kadhafi, avait le meilleur indice de développement humain, était le pays le moins endetté du monde, avec des systèmes social et sanitaire d'une qualité sans commune mesure avec la situation qui prévaut dans les démocraties dites avancées[100]. Qui plus est, grâce à un nationalisme suffisamment prononcé pour contenir les velléités autonomistes des différentes tribus, et l'implication de ces dernières dans la gestion de la Cité[101], le

---

[99] *African facts and american criticism*, cité par Gérard Leclerc, *Anthropologie et colonialisme*, Paris, Fayard, 1972, p.160.

[100] http://archives.etiame.com/index.php?option=com_content&view=article&id=94:libye-pays-le-moins-endette-au-monde-sous-kadhafi&catid=5:information&Itemid=4.

[101] « *Chaque citoyen(ne) libyen(ne) peut s'investir activement dans la vie politique et dans la gestion des affaires publiques, aux niveaux local, régional et national, dans le cadre d'un système de démocratie directe* "JAMAHIRIYA" *qui tient compte de la représentation des spécificités régionales et tribales. Cela va des Congrès populaires de*

pays a bénéficié de cette relative stabilité dont la valeur géopolitique est décuplée par le chaos du moment.

base permanents, jusqu'au Congrès général du peuple, le grand congrès national qui se réunit une fois par an. Sur 3,5 millions d'adultes, 600 000 citoyens participent activement à la vie politique.», http://archives.etiame.com/index.php?option=com_content&view=article&id=94:libye-pays-le-moins-endette-au-monde-sous-kadhafi&catid=5:information&Itemid=4

IX

NE PAS JETER LE BÉBÉ AVEC L'EAU DE BAIN

La démocratisation ploie sous les effets conjugués de la faiblesse des économies en Afrique noire, du caractère larvé des mouvements citoyens, de la mise entre parenthèses de la demande sociale et de l'interventionnisme.

Pourtant, malgré toutes les perversions sous-jacentes à sa dynamique, et en dépit du fait que les sociétés occidentales, elles-mêmes, sont de plus en plus malades de leur démocratie, l'idéal républicain s'impose comme une des exigences du moment les plus cruciales. Cette puissance attractive s'explique sans doute par l'universalité dont il est originellement chargé.

Ainsi, l'Occident, notamment la patrie de Montesquieu, Condorcet, Diderot et Jean- Jacques Rousseau, pour avoir formulé de la manière la plus rationnelle que ce soit les droits de l'homme, n'en a pas pour autant le monopole. Force est alors de recourir à l'histoire, afin de comprendre comme le postule Mahmoud Hussein, comment « *l'Occident a accouché de la démocratie réelle (...) en couronnant un long processus auquel de nombreuses civilisations ont contribué d'une manière ou d'une autre. C'est pourquoi,* renchérit-il, *les principes de démocratie apparaissent de plus en plus comme un patrimoine commun à l'humanité dans son ensemble.* »[102]

Pas plus que la rationalité, à laquelle l'Occident a donné une formulation presque algébrique, l'humanisme, qui travaille de part en part l'anthropologie des Lumières, ne participe d'une réalité sui generis. L'une et l'autre

[102] Mahmout Hussein, Interview, L'Événement du jeudi du 03/09/1990.

capitalisent ce que l'humanité, dans ses douloureuses péripéties, a sédimenté dans les différentes séquences constitutives de l'évolution de la subjectivité.

Déjà, cette subjectivité, dans la mesure où elle prend racine partout où vivent les hommes qui, sous tous les cieux, ont en partage l'acte de penser, reste un des terreaux de l'universalité. Or, l'acte de penser est consubstantiel au sens de la limite, lequel, à son tour, imprime aux sociétés humaines leur spécificité par rapport aux sociétés animales.

Ce sens de la limite, avions-nous souligné avec force dans *Un pas dans l'univers de la philosophie*, est si essentiel pour l'ordre humain qu'il n'a besoin ni d'être écrit ni d'être enseigné comme en attestent ces propos : « *xamal lunu la waxul... xamal bi ci yam* ! »[103]. Et, c'est parce que les sociétés humaines ne peuvent exister encore moins s'épanouir en en faisant l'économie qu'Émile Durkheim a pu dire qu'elles sont aussi gouvernées du « dehors ».

La qualité de cette gouvernance « *extérieure* » se mesure à l'aune de sa capacité à atténuer le conflit originel opposant le « *dedans* » et le « *dehors* », ou pour parler comme Sigmund Freud, le principe de plaisir et le principe de réalité. Il n'est pas besoin de rappeler que ce conflit, qui gît au cœur de toute société, a fait dire à ce père de la psychanalyse que la civilisation est un malaise.

En tout état de cause, les hommes, en même temps qu'ils développent et diversifient leurs sensibilités spirituelles, religieuses et esthétiques, enclenchent un mouvement, au demeurant pas toujours conscient de lui-même, dans la perspective de s'unir pour se prémunir contre toutes formes d'agression. Partant, inconsciemment ou non et en fonction des détours et contours des réalités historiques, ils s'efforcent

[103] Littéralement traduite de la langue wolof : « *Faut savoir ce qu'on t'a pas dit. Faut avoir le sens de la mesure !* ». Cf. *Un pas dans l'univers de philosophie*, op cit, p.128.

à concilier la nécessité de vivre en société et l'incontournable aspiration à la liberté[104].

Ainsi, l'affirmation de la subjectivité, le droit à la vie, à la sécurité et à la santé sont, ne serait-ce que sous leurs formes les plus embryonnaires, au cœur des dispositions écrites et/ou orales qui légifèrent les sociétés humaines.

Néanmoins, si cette thèse est recevable en ce qui concerne les religions et courants philosophiques que l'Occident s'est appropriés, elle devient sujette à suspicion voire à polémique dès qu'elle s'applique à des modes de pensée « *étrangers* » à l'espace européen. Et pourtant, une religion comme l'Islam a donné, dans son dispositif, une large place à l'affirmation de la conscience individuelle, préfigurant du coup le citoyen. Pour preuve, quand Cheikh Hamidou Kane rappelle que l'acte de foi est acte d'allégeance (la Chahada)[105], il convient d'ajouter que cet acte n'engage et ne peut engager que le sujet.

Dès lors, la charge subjective de la *Chahada* réside dans le fait que ni la famille encore moins la communauté ne peut se substituer au croyant qui se doit, personnellement et en toute responsabilité, de poser cet acte d'allégeance. Partant, de la même manière que Martin Heidegger a pu affirmer que

---

104 Cette problématique, qui traverse toutes les sociétés et dont la juste résolution fera de moins en moins de la civilisation un malaise, a peut-être trouvé sa formulation la plus rationnelle sous la plume de Jean-Jacques Rousseau : « *Trouver une forme d'association qui défende et protège de toute la force commune la personne et les biens de chaque associé, et par laquelle chacun s'unissant à tous n 'obéisse pourtant qu'à lui-même et rester aussi libre qu'auparavant.». Du contrat social*, Paris, éditions sociales, 1963, p. 66.

105 La formule de Chahada est très brève :
أشهد أن لآ إلَـهَ إلا الله وأشهد أن محمدا رسول الله (*ašhadu an lâ ilâha illa-llâh, wa-ašhadu anna muḥammad*^{an} *rasûlu-llâh*), pouvant se traduire par «*J'atteste qu'il n'y a de divinité digne d'adoration qu'Allah et j'atteste que Mouhammad est le messager d'Allah*»,http://lamosque-dethouars.e-monsite.com/pages/la-shahada-ou-chahada-la-profession-de-foi.html.

personne ne peut mourir pour moi, Sartre, commentant Descartes, que personne ne peut comprendre pour moi, le musulman peut dire que personne ne peut croire pour moi.

Et cette dimension autonomiste confère à l'Islam une portée émancipatrice qui d'ailleurs l'inscrit en porte à faux avec les courants de pensée qui promeuvent exclusivement les liens consanguins, ethniques, confessionnels, territoriaux, communautaristes et familiaux.

Dans le même esprit, en remontant le cours tumultueux de l'histoire, il est loisible de rencontrer des civilisations fort soucieuses de l'humanisme. Ainsi, de la Charte du Mandé (dite aussi du Kouroukan Fouga), il y est affirmé sans équivoque le droit à la sécurité de l'individu et l'inviolabilité de la personne humaine. Précisément, un de ses articles postule : « « *Une vie n'est pas plus ancienne ni plus respectable qu'une autre vie, de même qu'une autre vie n'est pas supérieure à une autre vie* ».

Certes, comme toutes les sources historiques et davantage pour les sources orales, ce patrimoine est objet de controverses[106]. Cependant, la polémique, qu'elle suscite, concerne plus sa portée historique que sa réalité effective. De ce fait, tout en se gardant de la comparer au « *Bill of Rights* » et à la « Déclaration des droits de l'homme et du citoyen », même en la confinant dans le rôle de légiférer « *exclusivement la passation de pactes ou d'alliances entre groupes* »[107], la Charte de Kouroukan Fouga illustre parfaitement cette universalité des droits humains.

Le souci sécuritaire, fortement présent dans cette Charte, en quoi est-elle antinomique à ce dogme dont Moïse prend

---

106 https://fr.wikipedia.org/wiki/Charte_du_Manden. Nous renvoyons aux universitaires qui ont vivement contesté l'authenticité de cette Charte. Notamment, Jean-Loup Amselle et Francis Simonis soupçonnent « *une reconstruction inspirée par l'idéologie africaniste* », Ibidem.

107 Ibidem.

connaissance, suite à l'illumination au sommet de la Montagne : « *Tu ne tueras point* » ? Pour ne pas jouir d'une formulation rationnelle cette préoccupation, cautionnée dans les textes sacrés des trois religions monothéistes, ne constitue-t-elle pas un des principes de l'État de droit dont l'effectivité reste la condition de possibilité des autres principes démocratiques tels que le droit à la liberté, le droit à la sécurité, le droit à l'éducation, le droit à la santé, le droit au travail, le droit au loisir ?

Sans être exhaustif, il est indiqué de partir de ces illustrations pour admettre, avec Mahmoud Hussein, que la contribution spécifique de l'Occident est d'avoir délesté les droits de l'homme, qui imprègnent densément les différentes formes de la conscience subjective, de leur charge mystique en les laïcisant.

La rationalité, qui en résulte, est d'autant plus positive qu'elle porte en elle-même le fondement théorique de la tolérance religieuse. Ce fondement théorique trouve ses contours dans la philosophie kantienne qui reconnaît qu'il est de la nature de la raison humaine de poser des questions auxquelles elle ne peut nullement réponse. Ainsi, autant il est parfaitement loisible à l'homme de connaître le phénomène en tant qu'il s'insère dans un cadre spatio-temporel, autant il est dans l'impossibilité de rendre intelligible le noumène dont la réalité témoigne de la limite intrinsèque à la raison humaine.

L'intérêt de cet enseignement est qu'il contribue à créer les conditions optimales du commun vouloir vivre en instaurant le principe de la laïcité. Celui-ci est d'autant plus vecteur de l'unité des hommes dans toutes leurs diversités confessionnelle et philosophique qu'il conçoit la croyance religieuse comme un droit, et la liberté de conscience comme un des piliers les plus consistants pour la démocratie.

C'est pourquoi, malgré la singularité des aventures humaines, aujourd'hui l'humanité se retrouve, peu ou prou, dans cette même aspiration vers la liberté, l'égalité et la fraternité que la Révolution française a érigées en Absolu et que la plupart des Constitutions modernes revendiquent sans état d'âme.

À la lumière de cette configuration théorique, force est de réaliser que notre monde d'aujourd'hui souffre non pas du caractère anachronique ou/et limité de l'idéal républicain, mais de la subordination de l'application des principes qui le sous-tendent à la logique froide du marché.

Ainsi, la quête effrénée du profit, qui se décline en termes de mainmise d'une infime minorité sur les immenses richesses du globe, de contrôle du cours des matières premières, de l'accaparement de l'essentiel des technologies d'information et de la communication, a fini par secréter une contradiction majeure. Celle-ci se manifeste sous la forme d'une opposition irréductible entre fondamentalisme islamique et idéal démocratique.

Et les idéologues de l'ordre hégémoniste semblent plus que jamais déroutés par l'impact, de plus en plus massif, du phénomène religieux dans la détermination des formes qu'épousent les conflits actuels, gros de tous les périls.

En réalité, cet état d'esprit participe d'une amnésie qui n'autorise pas à percevoir le surgissement de l'islam radical davantage comme un effet que comme une cause. Sur ce registre, il convient de rappeler que si les Américains ont toujours adopté une politique musclée pour faire prévaloir leurs intérêts, celle-ci a été menée sous différents prétextes.

Ainsi, les « expéditions punitives » contre le Vietnam, le Cambodge ont été opérées au nom de la lutte contre le communisme. En revanche, suite à l'effondrement du Mur de Berlin, la seconde guerre du Golfe inaugure l'avènement des guerres dont l'alibi est d'imposer la démocratie aux pouvoirs totalitaires. Et paradoxalement, ces dernières « expéditions » pour l'instauration d'un État de droit s'opèrent non seulement avec la collaboration des monarchies pétrolières, mais avec une arrogance et une injustice d'autant plus affichées qu'elles s'inscrivent en porte en faux contre la volonté des Nations unies.

Ce n'est pas tout. Cette inauguration de l'ère de la démocratisation s'inscrit, autre paradoxe, dans une stratégie de redéploiement du paradigme chrétien si tant est que la finalité qui lui est assignée est d'en finir avec l'Empire du mal. Et le recours à cette notion d'Empire du mal, densément connotée par l'évangélisation d'inspiration libérale, était suffisamment « provocateur » pour passer inaperçu aux yeux d'un certain Ben Laden, ancien proche de la famille du Chef de l'Exécutif américain. Arabe de culture islamique[108], il opposera à la formule du président des USA, celle du Grand Satan américain[109].

---

108 Nous renvoyons à *l 'Afrique face au défi de la modernité* où nous disons, entre autres : « *À l'évidence, l'esprit de résistance contre l'oppression est paradigmatique dans la culture islamique, aussi il commande sous bien des rapports le sens de l'initiative politique et sociale. Pour mieux être édifié sur ce soubassement religieux du combat contre l'ordre américain, il n'est pas superflu de rappeler que pour l'islam la fuite ou l'abandon de la résistance, lors d'une guerre contre des mécréants est l'un des péchés les plus graves, si ce n'est le plus grave après l'associationnisme.*». Notamment, le sous chapitre 3/ «L'hégémonisme américain et la culture islamique ».

109 Occultant ses propres responsabilités sur ce surgissement de l'extrémisme religieux, l'Occident renoue avec le rationalisme dogmatique qui fait le lit de l'intolérance religieuse. Mû par la volonté de puissance, il s'interdit de voir l'islamisme radical comme un courant idéologique qui conteste avec la dernière énergie l'ordre imposé sur l'intégralité du globe terrestre. Partant, les attaques terroristes sont réduites à des expéditions sporadiques de «*quelques fous de Dieu* ». Aux antipodes de cette méprise qui, en vérité, est une des conséquences de la sublimation de l'ordre hégémoniste, il ressort que le fondamentalisme s'alimente d'une idéologie systématiquement élaborée. À ce sujet, cette appréciation de Bakary Sambe à propos de Boko Haram est valable pour l'ensemble du courant djihadiste : « *Derrière la contestation du modèle éducatif étatique et la désertion des « écoles officielles » pour aller apprendre la charia au Nord, la dénonciation de la « mainmise » supposée de l'* Église *et des chrétiens*

Ces formulations, loin d'être des slogans creux, renseignent sur la réalité d'un monde dans lequel l'animosité a fini par se substituer à l'adversité. Dorénavant, chaque camp œuvre à la mise à mort de l'autre ! De la violence de ces deux extrémismes a résulté un monde au sein duquel des vendeurs d'armes, des trafiquants de drogue et des aventuriers de tout acabit dictent leur loi. Le désordre qui en est sorti est resté d'autant plus traumatisant qu'il a, à son actif, des milliers de victimes dont le seul crime est d'avoir été présentes, au mauvais moment, sur les théâtres d'opération.

Et comme si c'était par pur hasard, les cibles de cette évangélisation sont constituées par les États ayant affiché l'ambition de se mouvoir hors de la sphère d'influence américaine. Il s'agit, notamment, de l'Iran, de la Corée du Nord, de l'Irak et de la Syrie, frappés au passage de l'anathème d'États-voyous !

Force est alors de reconnaitre que le désordre du monde d'aujourd'hui qui menace tous et chacun de tous les périls s'insère, en dernière instance, dans la dialectique qui oppose, peu ou prou, oppression et résistance, terrorisme d'État et terrorisme de masse, idéal démocratique et fondamentalisme.

Cette reconnaissance ne signifie pas une abdication face aux affres de la violence qui ravage la planète, encore moins un laxisme vis-à-vis des idéologies obscurantistes. Sa positivité est qu'elle peut déboucher sur cette lucidité à même de juguler l'un de ces paradoxes qui structurent notre actualité : en dépit des conséquences dramatiques et incommensurables ayant découlé des bourbiers afghan, irakien et libyen, l'ordre hégémoniste continue à se

---

sur ce même système, il y a le rejet de l'ordre postcolonial, considéré comme une continuité idéologique du système britannique, occidental », Bakary Sambe, *Boko Haram du problème nigérian à la menace sous régionale*, Dakar, Timbuktu édition, mars 2015, p.9.

méprendre sur les limites par trop criardes de l'arme militaire.

L'urgence du moment réside dans le redéploiement des principes démocratiques pour instaurer un monde plus juste. Ce serait assurément une opportunité pour remettre au goût du jour le sens du débat contradictoire qui rend intelligible l'observation de la liberté religieuse qui s'articule autour du sacré

Néanmoins, cette exigence, pour ne pas rester un vœu pieux, suppose une critique radicale de la volonté de puissance qui ampute les fondamentaux de la démocratie de leur charge pluraliste, de leur valeur universelle et de leur ferment unificateur.

Cette critique sans complaisance de la logique de la jouissance sous toutes ses formes n'est pas seulement un impératif, au regard de préoccupations d'ordre éthique, voire tout simplement moral. Elle tient son urgence de cette pertinente et opportune mise en garde de Cheikh Hamidou Kane : « *Nous sommes à la fin des destinées singulières* ! »

Pour preuve, pour reprendre la formulation de *Un pas dans l'univers de la philosophie*, alors que, face à la misère, les nantis pouvaient se payer le luxe d'afficher, de temps à autre, une mine plus ou moins condescendante, les nouveaux fléaux, sont de toute autre nature.

Les milliers de laissés pour compte alimentent un flux migratoire d'une intensité sans précédent dans l'histoire de l'humanité. Plus ils sont réprimés ; plus ils affichent leur terrible détermination, intrinsèque à leur préférence du risque de la mort à la certitude d'être condamnés à ne vivoter qu'en tendant la main !

Désormais, les affamés de fonio, de manioc, de sorgho, de riz, de justice sociale et d'humanisme ne vont plus se confiner dans les frontières qui leur sont drastiquement circonscrites par les partenaires au développement. Ils frappent avec insistance aux portes de l'Europe, lesquelles portes risquant d'être défoncées tant qu'elles ne sont pas intelligemment ouvertes ! Et leur résistance multiforme appelle, avec toute la force de leur conviction, à moins de pillage de leurs richesses naturelles, à moins d'usurpation des fruits de la croissance et à une répartition équitable des revenus de l'humanité.

De toute évidence, l'appel pour un monde nouveau restera sans écho, en l'absence de l'obtention de ce sans quoi aucun homme ne peut restaurer la dignité perdue.

X

AU-DELÀ DU MAQUILLAGE INSTITUTIONNEL

Un quart de siècle après la sommation du Sommet de la Baule, il se donne à lire que la démocratisation n'a pas tenu la promesse de ses fleurs. Le Burundi, la Centrafrique, le Gabon, les deux Congo, le Tchad, le Togo, le Mali et le Cameroun, par-delà leurs spécificités historiques, partagent la même difficulté à instaurer l'État de droit.

Même des pays, comme la Côte d'Ivoire, le Bénin, le Burkina Faso, le Sénégal, voire la Guinée, qui s'inscrivent progressivement dans la normalité républicaine, présentent des symptômes alarmants. Ces derniers renseignent sur les difficultés à venir à bout des goulots d'étranglement qui hypothèquent l'ancrage de l'État de droit.

Bien vrai que ces pays connaissent de plus en plus la liberté de presse avec comme corollaire la constitution progressive d'une opinion publique, et prennent conscience de la valeur irréductible de la carte électorale.

Mais, l'acuité de la demande sociale, la récurrence des difficultés des paysans, sur toile de fond de l'aggravation de la dramatique question foncière et l'équation de l'insertion des jeunes dans le monde du travail, constituent autant de malaise dont l'émigration clandestine est devenue l'expression la plus douloureuse.

Les lieux emblématiques de production et diffusion des savoirs et savoir-faire souffrent de l'obsolescence des infrastructures et/ou de l'insuffisance du nombre de formateurs, compte non tenu des contenus parfois sujets à caution. En l'absence d'une formation de qualité à la hauteur des besoins des pays qui manquent cruellement de main-d'œuvre de qualité, aucun bachelier ne voit son avenir ailleurs que sur les bancs de l'université. Ce faisant, les nouvelles infrastructures sont dépassées avant même leur inauguration officielle.

Dans ces circonstances, les perturbations de l'année scolaire deviennent non pas l'exception, mais bien la règle, non sans impacter et sur la qualité des enseignements-apprentissages et sur la santé des apprenants comme de celle des enseignants[110]. Ce contexte est d'autant plus gros de tous les dangers que le fossé entre possédants et non-possédants s'approfondit avec le sentiment amplement partagé d'une impunité de plus en plus intolérable. Une situation difficile à vivre à partir du moment où l'écrasante majorité des citoyens croient dur comme fer que les riches le sont devenus sans user ni de leurs dix doigts ni de leurs méninges.

Du reste, les nouveaux hommes au pouvoir en ont tellement pris conscience que dans leur projet de poser l'acte inaugural de la gouvernance dite vertueuse, ils intègrent la lutte contre l'enrichissement illicite. Or, cet engagement, pris tambour battant, a toujours déçu plus.

Par-delà, les ambiguïtés souvent liées à l'encadrement juridique[111] de la loi contre l'enrichissement illicite, c'est la nature même de l'État qui pose problème. L'antinomie réside

---

[110] Mamadou s dit Papa Coumba Mbodj, en dépit de son engagement au sein des syndicats d'enseignants et de son implication dans le M23 (Mouvement du 23) a suffisamment perçu l'enjeu de la réflexion pour lui consacrer assez de temps. En atteste son ouvrage qui édifie sur les difficultés, enjeux et perspectives de l'école dans le contexte actuel du Sénégal, *L'école en crise, analyse critique de la politique éducative du Sénégal (PDEF, 2000-2012)*, Dakar, éditions de la Brousse, 2015.

[111] Au Sénégal, l'article 163 bis consacre le renversement de la charge de la preuve, pour faciliter la tâche aux juridictions créées afin d'arrêter les auteurs de détournements de deniers publics. Cette disposition engendre une spéculation juridico-politique qui donne le sentiment que le poisson est noyé dans l'eau.

dans le désir de combattre le crime économique alors que le pouvoir lui-même nomme des directeurs généraux selon des critères politiciens et, pire, redéploye des transhumants dans toutes les sphères de l'État.

La gouvernance *vertueuse* devient un slogan creux, quand la pérennisation du crime économique devient d'autant plus la norme que le promu ministre ou PDG est sommé d'avoir une base politique et de gagner dans sa propre localité. Une telle exigence prédispose le militant au détournement multiforme, afin de disposer des moyens que requiert la gestion d'une cour politique. Les biens mal acquis sont redistribués, d'une certaine façon, dans les réseaux de soutien de la mouvance présidentielle.

Ce phénomène, sous bien des rapports, transforme les levées de boucliers contre l'enrichissement illicite en véritable épée dans les eaux de la prédation. Ce n'est point un hasard si la montagne, indexée sous Senghor, en tant que lutte contre les 10 %, sous Diouf avec la Cour de l'Enrichissement Illicite (CREI) qui redouble avec Macky Sall, après avoir fait l'objet des fameux audits sous Wade, a jusqu'ici accouché d'une souris.

Cette persistance du crime malgré les proclamations de foi des nouveaux régimes n'engendre pas seulement une sanction négative du nouveau pouvoir. Elle impacte aussi sur l'appréciation que les citoyens ont de leurs institutions judiciaires. Or, la question de la justice si elle est complexe partout dans le monde, elle l'est davantage en Afrique où les Républiques ont une assise encore incertaine. Dans ces circonstances, parmi les chantiers à ouvrir afin de faire de l'idéal républicain un projet porteur, figure en bonne place l'effort titanesque à fournir pour rendre crédible l'institution judiciaire.

Comparaison n'est certes pas raison, mais, sous ce rapport, la justice américaine est d'une exemplarité certaine. Tout récemment, le décret anti immigration, concernant sept pays musulmans[112], a été rejeté par la Cour d'appel de San Francisco avec l'argument selon lequel la menace immédiate sur la sécurité des USA, sur laquelle était fondée sa recevabilité, n'était pas établie.

Sans se méprendre outre mesure sur les limites de la séparation entre les pouvoirs exécutif, judiciaire et législatif, même dans les démocraties dites plus avancées, ce cas de figure contribue à fructifier la réflexion sur les conditions d'exercice d'une justice de qualité. La densité citoyenne et l'épaisseur historique du système politique américain expliquent l'importance de la marge de manœuvre de ses magistrats.

Au nombre de ces acquis, le fait que le président de la République qui nomme le Juge n'a pas ipso facto le pouvoir de le destituer. Aussi celui qui doit dire le droit se retrouve-t-il dans des dispositions qui l'autorisent à faire prévaloir, sans risque majeur pour sa carrière, l'autonomie de la raison, tout au moins sa bonne conscience. Cette situation lui confère la possibilité d'aller aussi loin que l'y autorisent les limites intrinsèques du système politique en vigueur.

Le Juge africain, pour ne pas jouir de ces conditions aussi favorables que son homologue américain, n'en est pas moins attendu sur cette détermination à dire le droit en s'arrachant du mieux qu'il peut des effets inhibiteurs aussi bien de la survivance de la culture du parti unique que de l'autocensure. Dès lors, malgré, ou plutôt à cause des défections du système, ses propres responsabilités[113] sont engagées pour rassurer les citoyens.

---

[112] Ces pays dits à « risques » sont : Irak, Iran, Libye, Somalie, Soudan, Syrie et Yémen.

[113] Si au Sénégal le chaos a été évité, en plus de l'apport déterminant de la société civile, il importe d'intégrer dans l'analyse l'importante contribution de citoyens qui, en faisant preuve d'un esprit républicain remarquable, ont réussi à donner une âme aux institutions. À ce sujet, nous avions rappelé, dans *Les élections sénégalaises de mars 2012*, la mise en demeure de Demba Kandji, le premier président de la Cour

Évidemment, ces derniers, dans leur écrasante majorité, n'ont pas, loin s'en faut, cette expertise que requiert le traitement judicieux d'un contentieux. Toutefois, ils sont tous sensibles aux efforts déployés pour garantir l'égalité de tous devant la loi. Le sentiment d'être protégés, qui en découle, plus il est partagé, plus il concourt à susciter, puis à consolider la confiance des citoyens en leur justice. Une telle atmosphère, là où elle est de rigueur, participe à préserver la société de la réaction des désespérés dont les actes, souvent dictés par le sentiment de l'impunité, peuvent être des plus violents.

De toutes les manières, c'est par l'exemplarité des actes de justice que le Juge pose quotidiennement qu'il réussit à gagner cette confiance qui rassure les justiciables dans des Nations en édification.

---

d'Appel de Dakar, à l'adresse de nouveaux magistrats : « *Sachez, au soir de vos carrières, répondre oui lorsque vos consciences vous interpelleront sur la question de savoir si vous avez respecté votre serment* ». Dans le même livre, nous avions souligné que Nancy Ndiaye Ngom, en sa qualité de présidente de Commission Nationale de Régulation de l'Audiovisuel, avait pris l'engagement de dire le Droit en sommant ses collaborateurs à « *nettoyer la vidéo et à enlever la voix de l'intrus* », qui voulait se faire l'écho de la déclaration de Wade à Touba. Pour avoir osé appliquer les dispositions du code électoral sur la question, elle fut menacée d'être récusée, par le libéral au pouvoir, sous prétexte de « *proximité* » avec l'adversaire. Alioune Fall, dans son livre déjà cité, est revenu sur la détermination dont le Procureur de l'époque a su faire montre pour éviter de mettre la justice au service du pouvoir, au sujet d'un prétendu blanchissement d'argent sale par Macky Sall : « *Le Procureur Ousmane Diagne, ayant constaté la forfaiture, tenant compte en plus de l'inexistence du plus petit élément susceptible de fonder des poursuites, refuse le déferrement. La colère de Wade et de Cheick Tidiane Sy n'y fait rien. Une tentative de plus pour liquider le nouveau et gênant opposant vient d'échouer encore, lamentablement* », op. cit., p. 180. Pour rappel, M. Cheikh Tidiane Sy était, à l'époque, ministre de l'Intérieur de la République du Sénégal.

Cette question soulève à nouveau la problématique de l'animation des institutions. Elles ne sont fortes que parce qu'elles sont équilibrées, mais leur force reste tributaire du degré de l'esprit républicain de celui qui l'anime. Notamment, dans le contexte de l'Afrique d'aujourd'hui, il serait tout à fait indiqué que le Juge soit capable de triompher de l'autocensure pour mettre à profit, jusqu'à ses ultimes possibilités, l'étroite marge de manœuvre que lui octroie l'État tel qu'il fonctionne à l'heure actuelle.

Mais, cette perspective aussi dépend, à bien des égards, de la vitalité du mouvement citoyen dont l'aspect salvateur pour la démocratisation a été largement mis en évidence plus haut. Or, ce mouvement citoyen, encore larvé dans les pays des Grands Lacs, présente des symptômes problématiques dans des contrées comme le Sénégal.[114]

Ce malaise, pour ainsi dire, a été suffisamment ressenti pour que les acteurs non étatiques invitent à un débat au sujet ainsi formulé : « *La participation des acteurs non étatiques dans les politiques publiques : faire-valoir ou nouveau paradigme ?* »[115]En fait, sans remettre en cause[116] la volonté

---

[114] Conscients de la nécessité de mutualiser leur force et d'échanger leurs expériences, des animateurs de Y en marre du Sénégal, de Lucha et *Fillimbi* de la RDC, des Jeunes et forts du Cameroun, du Balai citoyen du Burkina Faso, de *Inhiya* du Tchad, Ras le bol du Congo et *Wake up* de Madagascar se sont réunis au Sénégal, à Gorée en décembre 2016.

[115] 2ème université des Acteurs Non étatiques, Dakar du 28 au 31 mai 2013, ESEA, ex ENEA. Nous y avions présenté cette communication : « Quelques *considérations sur les dynamiques citoyennes dans la consolidation de la démocratie et de l'État droit* ».

[116] Bien au contraire, les acteurs non étatiques ont fait montre d'initiatives hardies non seulement en soumettant leur expérience à l'examen minutieux des autres observateurs et chercheurs, mais en procédant, parfois, par autocritique. En témoigne cet extrait de leur texte liminaire : « *Les populations ne nous prennent pas au sérieux parce qu'on n'est pas crédibles à leurs yeux. Il faut qu'on descende de nos véhi-*

intrinsèque de ces acteurs à assurer des avancées significatives, il est tout à fait indiqué de retenir deux facteurs qui ont concouru à affaiblir l'impact des animateurs de ces structures.

Il s'agit avant tout d'une mutation générationnelle. Pour rappel, nous avions, dans le sous chapitre « De l'apport de la société civile », mis en évidence l'implication des militants issus du mouvement nationaliste ou de gauche. Par-delà leur expertise en matière d'organisation, d'analyse et d'agitation, ils étaient mus par un militantisme qui les rendait peu regardant par rapport aux questions financières. En revanche, la nouvelle génération, non seulement n'a pas cette assise idéologique, mais est marquée par un contexte où les ONG manipulent suffisamment de ressources pour que les acteurs non étatiques acceptent d'être confinés dans le cadre strict du bénévolat.

Le second facteur est lié à celui récurrent des moyens. Si, comme on le dit, qui détient la bourse détient le droit, il est clair que l'initiative reste tributaire de ceux qui financent les organisations non étatiques lesquelles, pour l'essentiel, ne disposent pas de ressources propres. L'équation, nous l'avions ainsi formulée : « Comment *élaborer des projets qui répondent aux aspirations des citoyens et en même temps ne compter que sur "les partenaires au développement" pour exécuter » ces ditsprojets ?* »

Cette délicate question demande une réflexion assez soutenue non seulement pour continuer à mener des actions au profit de l'intérêt des citoyens, mais aussi pour ne pas être

---

cules 4X4, qu'on sorte des salles climatisées, qu'on se mêle aux populations, qu'on reste moins déconnectés des véritables préoccupations des populations, mieux que de rester là à produire de brillantes réflexions, à faire des rapports à longueur de journée, d'organiser des Universités des AnE ».

vulnérables à certaines critiques des inconditionnels de l'autoritarisme politique[117].

Il est évident que cette phase de transition ne permet pas aux acteurs non étatiques de jouer un rôle de premier plan en matérialisant cette préoccupation qui traverse l'intégralité de leur document cité en référence : « *le citoyen au cœur de l'action* ! »

Le mouvement citoyen, dans sa phase actuelle, souffre aussi des contrecoups des mutations internes du monde médiatique. À la presse classique, sont venus se greffer plusieurs types d'organes. Ces derniers, dans la mesure où ils contribuent à garantir l'information plurielle en tenant compte de la diversité des sensibilités, participent à asseoir les bases de la République. Cependant, dans la même dynamique, ils privent les citoyens de cette dualité entre presse d'État et presse privée, laquelle avait l'avantage de donner aux populations un peu plus de visibilité du champ politique et des enjeux des batailles qui y sont menées. Pire, ces mutations ont fait le terreau d'organes médiatiques franchement acquis à la logique alimentaire et à la surenchère politique.

Cette propension au mercantilisme est accentuée par le fait que, dans le cadre de la concurrence les organes de presse cherchent à avoir des correspondants sur l'intégralité des territoires nationaux, voire à l'extérieur, mais sans mettre leurs jeunes collaborateurs dans les conditions décentes de travail et d'existence. Il en résulte une quête effrénée du per diem et/ou du « transport » qui n'est pas sans entamer aussi bien la crédibilité que l'éthique des professionnels de l'information et de la communication.

---

[117] D'apprendre que la rencontre des mouvements sociaux aura été financée par les USA n'est pas sans poser un problème de souveraineté et de liberté d'action de ces dits-mouvements. On sait que le pouvoir autocrate de la RDC avait brandi cet argument du financement à des buts de déstabilisation pour en enfermer les figures emblématiques.

Dans ces conditions, la question de la formation et de la spécialisation est minorée au profit de la quête de l'information à chaud et des buzz. Les analystes et chroniqueurs de talents sont relégués au second plan à la faveur d'une survalorisation de reporters et experts du compte-rendu.

Ce faisant, les forces dominantes dans ce nouvel espace médiatique s'inscrivent en porte à faux avec le mouvement historique de la presse. Dans plusieurs pays africains, cette dynamique, animée par les professionnels de l'information et de la communication, se confondait avec l'évolution que dessinait leur volonté d'informer vrai afin de ruiner le fondement de l'autoritarisme politique.

XI

POUR NE PAS CONCLURE

La réalité de ces États postcoloniaux est à cerner sous le double rapport de leur mode de constitution historique et de leur contexte de rencontre avec le projet démocratique. Chacun de ces repères renvoie à un tournant important dans l'histoire des contacts violents entre l'Afrique noire et l'Occident.

Que le prétexte ait été racial, avec la traite négrière, idéologique dans le contexte de la guerre froide, ou, comme aujourd'hui l'urgence d'instaurer l'État de droit, l'Occident a toujours réussi, avec une violence inouïe, à faire prévaloir ses intérêts au détriment de ceux des peuples d'Afrique.

La violence avec laquelle l'hégémonisme a opéré, l'instrumentalisation de l'espace africain dans le cadre des rivalités entre les puissances via les grandes firmes internationales, et l'élimination parfois physique des leaders qui avaient nourri l'ambition de faire des identités culturelles des identités nationales, ont négativement impacté sur l'évolution du continent noir. La situation qui en résulte est que la plupart des pays africains sont « *restés États - territoire, c'est-à-dire des États composés d'un ensemble de territoires qui ne fondent pas une identité commune, contrairement aux États-nations* ».[118]Il a fallu le chaos libyen et toutes les conséquences qui en ont découlé pour réaliser l'extrême fragilité de ces États, dont certains avaient vraisemblablement les allures d'un colosse.

---

[118] Ridha Tlili, Intervention au Colloque « *La situation au Mali et ses implications sur le Maghreb* », La presse de Tunis, du 17/02/2013.

La situation s'est avérée d'autant plus critique que, passée « *la matinée de gésine* », la présence de l'Occident en Afrique a été davantage « *constellée de coups de canon que de sourires* [119]», pour reprendre une célèbre formulation de l'auteur de *l'Aventure ambigüe*. Pire, *« ceux qui étaient venus continuent à tuer avec efficacité »,* mais, contrairement à leurs premières heures sur le continent noir, *« ils mettent du désordre »,* tout en restant incapables de susciter un ordre nouveau.

Par ce biais, aux contradictions générées par la destruction de l'État libyen, sont venues se greffer des difficultés qui auraient dû être l'objet d'un traitement minutieux dès les premières heures des indépendances. Au nombre de celles-ci, « la *question du Sahara* ». Cette dernière, *« d'importance géostratégique après la découverte du pétrole à Hassi Messaoud, n'a jamais été correctement résolue, et c'est là un des nombreux problèmes qui refont surface aujourd'hui faute de les avoir solutionnés. »*[120]

En l'état actuel de l'Afrique noire francophone, si l'on ignore quelle est la voie royale à emprunter afin de sortir de l'impasse, sait-on au moins qu'il est impossible d'ouvrir l'horizon des possibles sans promouvoir l'esprit critique, le savoir et le sens de l'organisation et de la méthode et des responsabilités.

Cette disposition d'esprit participe d'une urgence si tant est que le défi du moment est dans la détermination à penser en toute souveraineté, c'est-à-dire à s'extirper des clichés et schémas véhiculés jusqu'ici comme prêts-à-penser pour reprendre les termes de l'*Afrique face au défi de la modernité*.

La sublimation du modèle occidental est d'autant plus énigmatique qu'il s'est très effiloché. Dès les années 1980,

---

[119] Cheikh Hamidou Kane, *L'Aventure ambigüe*, Paris, Collection 10/18, 2008, p.59.

[120] Ibidem.

les animateurs du *Monde diplomatique* et de la revue *Manière de voir*, au nombre desquels Claude Julien et Ignacio Ramonet, avaient suffisamment attiré l'attention sur le fait que les sociétés occidentales étaient malades de leur culture[121].

Ces sociétés, ayant fini de noyer les valeurs cardinales de « *l'humanitude* » dans « l*es eaux glaciales du paiement au comptant compté »* ont, selon toute vraisemblance, perdu le sens de l'initiative. Aussi ne sont-elles plus habitées par cette extraordinaire effervescence idéologique qui conjuguait harmonieusement passion des idées, lucidité théorique et utopie.

Aujourd'hui, sur toile de fond d'un taux de croissance désespérément stagnant, le sort « démocratique » se joue au gré du traitement des dossiers financiers et/ou juridiques, des frasques sexuelles et des scandales conjugaux. Partant, en lieu et place d'un débat programmatique et politique, s'installe un jeu de massacre dont l'enjeu est d'anéantir l'adversaire par une procédure autre que la voie démocratique[122]. Dans ce contexte, l'Europe fait montre d'une frilosité telle qu'elle est dans l'incapacité notoire de procéder à une rationalisation de l'émigration dans la

121 http://www.monde-diplomatique.fr/mav/01/.

122 On se souviendra dans quelles circonstances François Hollande est devenu candidat des socialistes. Dans un passé présent, c'est l'ascension rocambolesque de Donald Trump à la Maison Blanche. De l'avis des experts et observateurs, jamais débat n'a été aussi insipide que celui ayant opposé la candidate démocrate et le républicain. Du reste, la profondeur d'analyse du Chef de l'Exécutif américain est telle qu'il se dit persuadé que le changement climatique n'est ni plus ni moins qu'une invention des Chinois pour déstabiliser l'économie américaine. En France, au moment où François Fillon s'apprêtait sans doute à rassembler autour de sa candidature sarkozistes et juppéistes, il est rattrapé par ce que les médias ont appelé la *Penolope Gate.* Son épouse serait au cœur d'une incroyable affaire politico judicaire portant sur des emplois fictifs.

perspective de combler le déficit humain résultant du vieillissement de sa population.

Alors, sans s'imposer la tâche superflue de réinventer la roue, il s'agit de s'approprier du positif pour ouvrir les immenses chantiers du développement. Ces derniers sont principalement le développement économique et l'ancrage du projet républicain. Deux impératifs dialectiquement liés, eu égard au fait que les États postcoloniaux restent englués dans des logiques dont ils ne maîtrisent ni les tenants ni les aboutissants.

Dans la mesure où il ne peut exister de démocratie dans une économie de rente, l'urgence est de réunir les conditions pour réorienter des économies jusqu'ici extraverties. Dans cet esprit, les questions ayant trait à l'investissement, à l'épargne, à la fiscalité, à la monnaie, aux infrastructures de production, à la protection et à la multiplication des entreprises nationales, sont à résoudre pour améliorer qualitativement l'environnement économique.

Mais, ces mesures, pour être importantes, ne sont ni suffisantes ni déterminantes pour impulser les progrès économique, social et culturel dont rêvent les peuples d'Afrique. Les conditions de leur mise en œuvre supposent l'implication constante et soutenue des citoyens dont l'efficacité de leur engagement est, elle aussi, tributaire de leur degré d'appropriation du projet républicain.

Cette appropriation du projet républicain trouve une de ses conditions de possibilité dans l'ancrage culturel afin d'articuler l'universel et le particulier. À cet égard, les succès enregistrés par la musique sénégalaise constituent assurément un cas d'école. Là où certains artistes ont réussi le difficile pari « *d'internationaliser le mballax, en mêlant des sabar, des jembe à la noblesse des guitares, des trompettes et des saxos* »[123] ; d'autres sont parvenus à

[123] Alpha Amadou Sy, Postface à *Nethio*, roman du Sénégalais Seydi Sow, Paris, Harmattan, 2017. Cf. aussi Alpha Amadou Sy, « Création

imprimer « *au mouvement hip-hop, venu des USA, une tonalité et une orientation qui ont fini de façonner son identité* »[124].

Dans la même veine, il a été déjà mentionné les retombées tout à fait positives de la « sénégalisation » des programmes radiophoniques. Au pays de Léopold Sédar Senghor et de Cheikh Anta Diop, l'usage des langues du terroir, en suscitant une ferveur populaire sans précédent autour des émissions interactives, et en favorisant, par ricochet, une production musicale de portée citoyenne a prouvé, si besoin en était encore, que le renouveau social demeure largement tributaire d'une reconquête de l'identité culturelle.

Cette détermination de la culture n'est ni une vue de l'esprit ni la résultante d'une quelconque sublimation. Dans la même veine, il est opportun de rappeler que, aussi bien que pour la Révolution industrielle en Angleterre que pour la Révolution politique en France, ce sont des courants artistiques, littéraires et philosophiques qui ont développé des idées, lesquelles, en bénéficiant de l'adhésion populaire, ont fini par s'élever à la dignité de valeur en s'intégrant, du coup, comme éléments à part entière du patrimoine culturel des pays en question.

Au demeurant, ce n'est pas un hasard si hier comme aujourd'hui, l'ordre hégémoniste qui dicte sa loi au continent n'a cessé de s'intéresser à la variable culturelle en l'Afrique. Sans réitérer ici les thèses bien connues de Cheikh Anta Diop et Amilcar Cabral sur cette question, nous rappelons cette recommandation d'une des figures de proue des idéologues du colonialisme : « *S'il y a des mœurs et des coutumes à*

---

artistique et citoyenneté », communication au Colloque « Création et changement social », Festival sur le Niger, Forum de la 8ème Édition, Ségou, Mali, février 2012

[124] Ibrahima Wane, « Art, culture et identité », Communication au Colloque, « La parenté à plaisanterie », à l'occasion de la 7ème édition du Festival National des Arts et de la Culture, Saint-Louis, les 27 et 28 janvier 2012.

respecter, il y a aussi des haines et des rivalités qu'il faut démêler et utiliser à notre profit, en opposant les unes aux autres, en nous appuyant sur les unes pour mieux vaincre les autres »[125].

Outre cet usage à des fins hégémonistes, la culture acquiert une nouvelle dimension à la faveur de l'apparition dans le monde d'aujourd'hui de nouveaux réseaux et de nouveaux ordres sociaux. Frédéric Jacquemin, Expert principal de l'Observatoire culturel ACP (Afrique, Caraïbes et Pacifique), considère que ces deux phénomènes, intimement liés, contribuent à la déperdition des biens culturels et du patrimoine humain[126]. De cette prise de conscience, poursuit-il, a résulté la nécessité d'intégrer la variable culturelle aussi bien dans la gestion des conflits dans l'espace européen que dans l'approche de la question du développement du Sud[127].

Ce n'est pas non plus par hasard si, même en plein dans la mondialité, l'affirmation identitaire reste un des impératifs. Et la culture n'est pas seulement la voie royale pour cette affirmation identitaire, elle est aussi un espace de souveraineté et un des lieux privilégiés d'expression du conatus, c'est-à-dire du « désir de persévérer dans son être », pour parler comme Spinoza.

---

[125] Lyautey, cité par François Xavier Verschaft, op cit, p.107.

[126] Frédéric Jacquemin, « Coopération Union européenne/ACP », Colloque « Culture et développement », Saint-Louis, Sénégal, mai 2010 ; voir aussi : Pascal Brunet, « Enjeux pour l'Europe d'une coopération culturelle avec l'Afrique », communication au colloque de Saint-Louis, « Culture et développement » ; Alpha Amadou Sy, « La coopération culturelle Europe et pays Afrique, Caraïbe, Pacifique: réalités, mise en œuvre et contradictions, l'expérience de la Fête internationale du livre de Saint-Louis », communication au 6ème colloque International de Biarritz, en France, sur le thème « *Ici et là-bas. Coopération culturelle et diversité culturelle* », novembre 2013.

[127] Alpha Amadou Sy, (sous la direction de) *Saint-Louis du Sénégal, Le livre en fête*, Paris, L'Harmattan, octobre 2014.

Un peuple, on peut le piller culturellement ; l'asservir. Mais, tant qu'un peuple reste un peuple, personne ne pourra jamais le délester de sa culture qui constitue, selon Frantz Fanon, son âme. Et cette âme s'exprime densément dans ses croyances, dans ses mythes et légendes, dans ces contes, dans ses créations artistiques et dans son folklore. C'est pourquoi, soulignait Cabral, autant le peuple puise dans la culture la force de résistance à l'asservissement, autant c'est par l'ancrage culturel qu'il peut faire montre de créativité et d'inventivité afin de résoudre les équations que lui posent la nature et l'histoire.

Aussi incombe-t-il aux élites de donner à la culture la place qui lui revient surtout dans un contexte où les États postcoloniaux initient des politiques culturelles bien aux antipodes de l'exigence de promotion et de diffusion des Lumières.

Pour ce faire, il revient aux élites de se ressourcer pour parler les langues de leurs peuples et de s'approprier des savoirs et savoir-être sédimentés dans les patrimoines matériels et immatériels des Africains. Une telle exigence découle du simple fait que l'élite ne pourra véritablement remplir sa tâche générationnelle en continuant, comme le dit si bien Alioune Diop, à devoir sa légitimité non pas en vertu « *d'une supériorité intellectuelle et morale transmise par l'éducation, mais d'une compétence qu'elle tient de **l'élite** occidentale* »[128].

Cette appropriation, loin d'être un simple legs, suppose le recours à l'esprit de libre examen pour identifier les valeurs cardinales à même de faire office de passerelles entre les identités culturelles et les cultures nationales afin de créer les conditions de jonction avec l'universalité.

Ce faisant, l'élite contribue au développement de la conscience subjective par l'affirmation de l'individualité.

[128] Alioune Diop, « Pour une modernité africaine », Présence Africaine, Nouvelle Série, N° 116, 1980, p. 10.

Cette individualité, en tant qu'elle permet de promouvoir l'esprit critique, levier aussi bien de la création artistique, de la science que de la démocratie, est à distinguer de l'individualisme dont le triomphe interdit de s'inscrire dans un Projet collectif porteur.

La dynamique citoyenne, qui émerge dans ces conditions, peut-être d'une épaisseur telle que, non seulement elle s'érige en sentinelle contre les dérives autoritaristes, mais interpelle constamment les gouvernants sur leur devoir de poser quotidiennement des actes dans le sens de remplir la mission pour laquelle ils ont été portés au pouvoir.

Au-delà de l'état de dénuement du continent africain, notamment dans sa zone francophone, la positivité de cette situation critique du monde actuel réside dans le fait qu'elle met en demeure tous les hommes épris de justice et de paix de « bouger », sous peine d'être emportés par le chaos.

À l'instar de l'Angleterre qui, avec sa révolution industrielle et les contradictions qui lui sont connexes, avait indiqué aux autres pays capitalistes d'Europe la voie inéluctable à suivre, le modèle libéral vient de renseigner l'humanité sur l'impasse sur laquelle il débouche. Dès lors, le défi du moment est de faire triompher partout dans le monde une dynamique citoyenne à même d'imposer aux forces mues par la volonté de puissance l'articulation entre démocratie politique et démocratie économique.

BIBILOGRAPHIE

I/OUVRAGES

- Akindès, Francis *Les mirages de la démocratie en Afrique subsaharienne francophone*, Dakar, CODESRIA, 1996 ;

- Benedict, Ruth, *Échantillons de culture (Patterns of culture*) 5ème éditions, Paris, édition Gallimard ;

- Bratton, M et Rothchild, D. in *Gouverner l'Afrique,* Textes réunis par Goran Hyden et M. Bratton, traduits de l'américain par Brigitte Delorme, by Lynne Rienner Publischers, Inc, 1992 ;

- Boulaga, Fabien Eboussi, *Les conférences nationales en Afrique noire*, Paris, Karthala, 1993 ;

- Corn, Georges *Le mythe de l'Occident, La construction d'une histoire* », Paris, Éditions La Découverte, septembre 2009 ;

- Dieng, Amady Aly, Préface à l'ouvrage de Francis Akindès, *Les mirages de la démocratie en Afrique subsaharienne francophone*, op cit ;

- Fall, Alioune, *Macky Sall, Contre vents et marées*, Paris, L'Harmattan, novembre 2015 ;

- Fanon, Frantz, *Les damnés de la terre*, Paris éditions Maspero, 1961 ;

- Freedman, Maurice, *L'anthropologie sociale et culturelle, Tendances principales de la recherche dans les sciences humaines*, IIème partie, Tome II, Paris éditions Mouton/UNESCO, 1978 ;

- Hyden, Goran *Gouvernance et Étude de la politique*, in *Gouverner l'Afrique,* op cit ;

- Kane, Cheikh Hamidou, L'Aventure *ambigüe*, Paris, Collection 10/18, 2008 ;

- Leclerc, Gérard, *Anthropologie et colonialisme*, Paris, éditions Fayard, 1972 ;

- Lorenzi, Stello, *Préface de Lutte pour l'égalité, 1793*, d'Albert Souboul, Paris, éditions Du Burin, 1972 ;

- Mbodj, Mamadou dit Papa Coumba, *L'école en crise, analyse critique de la politique éducative du Sénégal (PDEF, 2000-2012)*, Dakar, éditions de la Brousse, 2015 ;

- Ndiaye, Mamadou Ablaye, et Sy, Alpha Amadou :

- *Africanisme et théorie du projet social*, Collection Sociétés africaines et diaspora », Paris, éditions l'Harmattan, janvier 2001, Préface de Amady Aly Dieng ;

- *L'Afrique face au défi de la modernité, (La quête d'identité et la mondialité*), Dakar, éditions Panafrika/Silex/Nouvelles du Sud, novembre 2006, Préface de Amady Aly Dieng ;

- *Les Conquêtes de la citoyenneté, Essai politique sur l'Alternance*, Dakar, éditions Sud Communication, mars 2003, Préface de Babacar Touré ;

- *Presse et jeu politique*, ouvrage inédit ;

- Ngaïdè, Abdarahmane, *Doyen Amady Aly Dieng, le transmetteur intégral (1932-2015)*, Dakar, L'Harmattan-Sénégal, décembre 2016 ;

- Ossébi, Henri, *Enjeux et effets sociaux de la démocratisation au Congo : quelques réflexions*, in *État, démocraties, sociétés et cultures*, sous la direction de Ibrahima Mané, Éditions Démocraties africaines, Dakar, 1996 ;

- *Niass, Sidi Lamine, Un arabisant entre presse et pouvoir*, Dakar, édition Walfadjiri, 2003 ;

Rousseau, Jean-Jacques, *Du contrat social*, Paris, éditions sociales, 1963 ;

- Sambe, Bakary, *Boko Haram : Du problème nigérian à la menace sous régionale*, Dakar, Timbuktu édition, mars 2015 ;

- Sow, Seydi, *Nethio*, Paris, Harmattan, 2017,

- Sy, Alpha Amadou :

- *L'Afrique face au défi républicain Une lecture des élections sénégalaises de mars 2009,* Paris, éditions l'Harmattan, avril 2011, Préface de Amady Aly Dieng ;
- *Le 23 juin ou la souveraineté reconquise*, Paris, éditions l'Harmattan, Paris, janvier 2012, Préface de Mame Less Camara ;
- *Les présidentielles de mars 2012 ou le triomphe de la volonté populair*e, Paris, édition l'harmattan, avril 2013 ;
- Postface à *Nethio*, Paris, éditions l'Harmattan, 2017,
- *Saint-Louis du Sénégal, Le livre en fête*, (sous la direction de) Paris, éditions L'harmattan, octobre 2014,
- *Un pas dans l'univers de la philosophie*, Paris, éditions l'Harmattan, octobre 2015, 170 pages ;

- Sy, Mamadou Albert, *L'exercice du pouvoir politique au Sénégal (Léopold Sédar Senghor, Abdou Diouf, Abdoulaye Wade), L'utopie du changement de régime*, Dakar, Presses Universitaires de Dakar, avril 2011.

- Verschave, François-Xavier, *La Françafrique, le plus long scandale de la république*, Paris, Édition Stock, 1998.

II/ARTICLES COMMUNICATION ET INTERVIEWS

- Bahabi, Youzan, « Guerre et paix en Côte-d'Ivoire : histoire de la fracture sociale ivoirienne », *Revue Sénégalaise de Sociologie,* n° 4/5, janvier 2003 ;

- Bathily, Abdoulaye Pop 12 /09/2005 ;

- Brunet, Pascal, « Enjeux pour l'Europe d'une coopération culturelle avec l'Afrique », communication au colloque de Saint-Louis, « Culture et développement », Sénégal, mai 2010 ;

- Diop, Alioune *Pour une modernité africaine*, Présence Africaine, Nouvelle Série, N° 116, 1980 ;

- Camara, Mame Less, Interview Radio Sénégal, 13/02/2017 ;

- Fall, Ismaïl Madior, « De la désaffection vis-à-vis de la Constitution à la naissance du patriotisme constitutionnel protestation du 23 juin 2011 », in Chronique d'une révolte, photographies d'une saison de protestation, Koyo Kouch, catalogue du RAW (Raw Material Company), Dakar, 2012 ;

- Hussein, Mahmout, Interview, L'Événement du jeudi du 03/09/1990 ;

- Jacquemin, Frédéric, « Coopération Union européenne/ACP », Colloque « Culture et développement », Saint-Louis, Sénégal, mai 2010 ;

- Kotoudi, Idimama, « Comprendre et traiter la crise en Côte-d'Ivoire : faits et documents », Dakar, IPAO, 2004, 87 pages. Actes du colloque « Identification et négociation de l'appartenance en Afrique de l'Ouest. Réflexions sur la crise ivoirienne », CODESRIA, Dakar, mai 2003 ;

- Liman, Zyad, « Entretien avec Bongo », Jeune Afrique, N° 1980,1997 ;

Le Quotidien, 03 janvier 2008 ;

- Ndiaye, Mamadou A et Sy Alpha A, « Le scrutin, le ventre mou de la démocratie », Sud quotidien des 20, 21 et 22 mai1998 ;

- Samb, Mamadou Moustapha, Walfadjiri du 27/02/1996 ;

- Sow, Abdou, Le *matin,* du 08/11/2000 ;

- Sy, Alpha Amadou :

  - « Création artistique et citoyenneté », communication au Colloque « Création et changement social », Festival sur le Niger, Forum de la 8ème Édition, Ségou, Mali, février 2012 ;
  - « Quelques considérations sur les dynamiques citoyennes dans la consolidation de la démocratie et de

l'État droit », 2ème université des Acteurs Non étatiques, Dakar du 28 au 31 mai 2013, ESEA, ex ENEA ;

- « L'expérience démocratique sénégalaise : De "L'enfermement fataliste" à l'ère des alternances politiques », « Les élections au Sénégal », Colloque de SGeGIS, Université Gaston Berger de Saint-Louis, Salle des Actes du Rectorat, 25 mars 2014 ;

- « La coopération culturelle Europe et pays Afrique, Caraïbe, Pacifique : réalités, mise en œuvre et contradictions, l'expérience de la Fête internationale du livre de Saint-Louis », communication au 6ème colloque International de Biarritz, France, sur le thème « *Ici et là-bas. Coopération culturelle et diversité culturelle* », novembre 2013 ;

- Thiandoum, Yacinthe *Le Soleil* du 14 mai 1993 ;

- Tlili, Ridha Intervention au Colloque « La situation au Mali et ses implications sur le Maghreb », La presse de Tunis, du 17/02/2013 ; Walfadjiri du 29 décembre 2008 ;

- Wane, Ibrahima, « Art, culture et identité », Communication au Colloque, « La parenté à plaisanterie », à l'occasion de la 7ème édition du Festival National des Arts et de la Culture, Saint-Louis, les 27 et 28 janvier 2012.

III/AUTRES

« Charte du Mande » https://fr.wikipedia.org/wiki/Charte_du_Manden.

« Code électoral du Sénégal » http://www.au-senegal.com/IMG/article_PDF/Le-Code-lectoral-du-Sngal_a3352.pdf.

Dumas, Roland, « Discours de la Baule », https://fr.wikipedia.org/wiki/Discours_de_La_Baule.

« Guerre froide » https://fr.wikipedia.org/wiki/Guerre_froide

Gueye, Babacar « Transitions démocratiques et limitation des mandats en Afrique », https://www.filepicker.io/api/file/MBmyFD2kRyeawv4BeOhR

« La chahada »

http://lamosquedethouars.e-monsite.com/pages/la-shahada-ou-chahada-la-profession-de-foi.html.

« La cour constitutionnelle du Gabon »

- https://fr.news.yahoo.com/gabon-cour-constitutionnelle-valide-r%C3%A9%C3%A9lection-pr%C3%A9sident-ali-bongo-002852940.html,

- http://www.lefigaro.fr/international/2016/09/23/01003-20160923ARTFIG00381-gabon-la-cour-constitutionnelle-arbitre-la-presidentielle.php.

« La conférence nationale »

https://fr.wikipedia.org/wiki/Conf%C3%A9rence_nationale_souveraine_ (B%C3%A9nin).

Mitterrand, François, « Discours de La Baule »

http://www.congoforum.be/upldocs/Discours%20de%20la%20Baule.pdf

« La Libye, Libye-pays-le-moins-endette-au-monde-sous-kadhafi »

libye_4997210_3210.html#8H5gXYXpR6jgI2Ek.99

« Obama, Barack, Discours Ghana juillet 2009 »

http://www.voltairenet.org/article161021.html.

« Royaume Uni : des parlementaires mettent en cause la décision de Londres d'intervenir en Libye »,

http://www.lemonde.fr/international/article/2016/09/14/

« Référendum au Sénégal : 45 professeurs de droit et de science politique contre l'avis du Conseil Constitutionnel »

http://www.dakar-echo.com/referendum-au-senegal-45-professeurs-de-droit-et-de-science-politique-contre-lavis-du-conseil-constitutionnel/

Sy, Alpha Amadou,

- Entretien avec Pape Cissokho, http://ichrono.info/index.php/mobile-it-2/item/1086-

entretien-avec-le-philosophe-ecrivain-alpha-amadou-sy-la-notion-de-transhumance-reste-une-des-plus-operatoires-pour-elucider-un-certain-type-de-mobilite-des-acteurs-politiques

Wikepédia :

- https://fr.wikipedia.org/wiki/Roch_Marc_Christian_Kabor%C3%A9.
- https://fr.wikipedia.org/wiki/Thomas_Boni_Yayi.

TABLE DES MATIERES

Le Sénégal

aux éditions L'Harmattan

Dernières parutions

L'ESTHÉTIQUE SOCIALE DES PULAAR
Socioanalyse d'un groupe ethnolinguistique
Sy Harouna
L'esthétique sociale pulaar est une mise en ordre éthique de la vie sociale. Elle est l'inventaire systématique de ce qu'il y a de beau et de laid dans le social relativement à ses valeurs, à ses normes, à ses règles et à ses codes qui commandent des postures, des relations, des rapports et des qualités appropriés. L'analyse des contradictions de la société pulaar du Fuuta Tooro a révélé des logiques et des stratégies fondées sur des rapports de castes et sur les représentations sociales que ces rapports produisent.
(31.00 euros, 304 p.)
ISBN : 978-2-343-11189-6, ISBN EBOOK : 978-2-14-002810-6

LE BAYNUNK GUNAAMOLO, UNE LANGUE DU SUD DU SÉNÉGAL
Analyse phonologique, morphologique et syntaxique
Diop Sokhna Bao - Préface de Denis Creissels
Le Sénégal est un pays multilingue avec des langues majoritaires et des langues minoritaires, de par le nombre de leurs locuteurs, mais également de par la quantité de travaux dont chacune dispose. Les langues majoritaires ont fait l'objet de nombreuses recherches, à la différences des langues minoritaires. Ce constat est à l'origine du choix porté sur la description de la variante gunaamolo du baynunk (parlé au sud du Sénégal, plus précisément à Niamone, dans la région de Ziguinchor) qui est une langue en danger très peu décrite. L'utilité et l'intérêt de ce travail résident dans la sauvegarde et la connaissance de cette langue et sa communauté. Elle peut servir aussi de référence à des recherches futures.
(Coll. Études africaines, 38.50 euros, 392 p.)
ISBN : 978-2-343-09614-8, ISBN EBOOK : 978-2-14-002913-4

DE L'HÉRITAGE ARABO-ISLAMIQUE SAINT-LOUISIEN
Une illustration par les œuvres d'Abbas Sall et d'Abdoulaye Fall Magatte
Fall Cheikh Tidiane - Préface de Samba Dieng et Postface de Mouhamed Habib Kébé
Cet ouvrage porte sur la réhabilitation du legs culturel arabo-islamique ouest-africain en général et saint-louisien en particulier. Revaloriser un pan du patrimoine culturel par l'entremise de l'imagination poétique locale de deux intellectuels demeure l'objectif principal de cette étude. Une partie descriptive

constituée de la traduction d'une cinquantaine de poèmes suivie d'un volet analytique constitue la méthodologie de ce travail de recherche. La moisson tirée de ce travail préliminaire apporte quelques éclairages sur l'intérêt de la traduction de manuscrits arabes, notamment ceux produits par d'éminents ulémas du Sénégal, tels les deux poètes faisant l'objet de cette étude.
(Harmattan Sénégal, 35.00 euros, 340 p.)
ISBN : 978-2-343-11306-7, ISBN EBOOK : 978-2-14-003014-7

L'AGRICULTURE DU SÉNÉGAL SOUS LA COLONISATION
Diop Ismaïla
L'introduction de l'arachide au Sénégal au début du XXe siècle révolutionne le paysage agricole. La France décide alors de faire du Sénégal une colonie arachidière. Le Sénégal devient la troisième puissance arachidière du monde après les États-Unis et l'Inde. Cette monoculture extensive aboutit à un déficit vivrier chronique, une dégradation des sols, une dépendance vis-à-vis des importations de riz en provenance d'Asie. Pour y remédier, le rapport de la mission Roland Portères de 1952 recommande des mesures d'aménagement du territoire, de restauration des sols, de promotion de l'agriculture intégrée sérère.
(Harmattan Sénégal, 23.50 euros, 218 p.)
ISBN : 978-2-343-11129-2, ISBN EBOOK : 978-978-2-14-002836-6

CASAMANCE
À quand la paix ?
Bassène René Capain – Préface du père Nazaire Diatta
Malgré leur volonté et leur engagement affichés d'aller vers la fin du conflit armé en Casamance, la position des parties en guerre n'a jamais réellement évolué. L'État du Sénégal se dit prêt à négocier sur tous les points, sauf sur ceux relatifs à l'intégrité territoriale et l'unité nationale, alors que, de son côté, le MFDC soutient une position contraire en déclarant être disposé à ne négocier que sur la question se rapportant à l'indépendance totale de la Casamance. Cette situation montre que le conflit armé est encore loin de finir en Casamance.
(28.50 euros, 276 p.)
ISBN : 978-2-343-10426-3, ISBN EBOOK : 978-2-14-002593-8

PARCOURS D'UN JOURNALISTE AUTODIDACTE
Ndiaye Pape Ngagne
Préface de Mamoudou Ibra Kane
Pape Ngagne Ndiaye, par son style, est devenu un rendez-vous incontournable de l'espace audiovisuel sénégalais. L'émission «Faram Faccce» qu'il anime présentement sur TFM est très courue des hommes et femmes politiques pressés de se soumettre au feu roulant et nourri des questions du redoutable interviewer, unique dans son genre. Ce livre n'est pas seulement une autobiographie, mais aussi une réflexion thématique et une sélection rigoureuse de certains numéros de la célèbre émission qui se veut «un décryptage des questions majeures de l'actualité nationale».
(37.00 euros, 360 p.)
ISBN : 978-2-343-09916-3, ISBN EBOOK : 978-978-2-14-002822-9

DES FRANCENABE AUX MODOU-MODOU
L'émigration sénégalaise contemporaine
Fall Papa Demba - Préface du Professeur Abdoulaye Bara Diop
Principalement centré sur la France et ses anciennes colonies d'Afrique, le champ migratoire sénégalais s'est, de manière originale, progressivement étendu à des destinations naguère méconnues ou peu fréquentées (comme les États-Unis, l'Italie, l'Espagne, l'Afrique du Sud ou le Brésil). Peu à peu, les migrants sont devenus des acteurs incontournables du développement. La prise en compte de ces populations, et de leurs mouvements, devient donc nécessaire aux programmes et politiques de développement durable.
(Harmattan Sénégal, 40.00 euros, 559 p., Illustré en noir et blanc)
ISBN : 978-2-343-10796-7, ISBN EBOOK : 978-2-14-002539-6

«DOYEN» AMADY ALY DIENG, LE TRANSMETTEUR INTÉGRAL (1932-2015)
Économie biographique ou sémio-Histoire
Ngaïdé Abdarahmane
Amady Ali Dieng nous a quittés il y a un an. Pour lui rendre hommage et s'en rappeler les enseignements, l'auteur de cet ouvrage a décidé de compiler ses nombreux écrits ou interventions. Les quatorze textes qui composent cette anthologie sont représentatifs et significatifs de la personnalité, du style et des préoccupations d'Amady Ali Dieng. On y retrouve son style, son humour et son esprit critique.
(Harmattan Sénégal, 23.50 euros, 228 p., Illustré en noir et blanc)
ISBN : 978-2-343-10855-1, ISBN EBOOK : 978-2-14-002561-7

41 RULES TO BE HAPPY
Kane Babaly
Seeing that happiness is the goal towards which all men strive for, the author wrote this book to help the reader in treasuring the joyous of life and realizing his desires in entirety, to be fulfilled, to claw his way to the top and to assure him it will turn out well in the end. Moreover, this book intends to give the keys us to get the secret for reaching we want in this life. 41 rules to be happy is a little self help book which has 41 rules that are meant to allow every reader to live life in full potential.
(Harmattan Sénégal, 14.50 euros, 138 p.)
ISBN : 978-2-343-10904-6, ISBN EBOOK : 978-2-14-002583-9

SÉNÉGAL
Les limites du Plan Sénégal Émergent
Mansour Samb El Hadji
Cet ouvrage présente une analyse profonde des politiques publiques en décortiquant le Plan Sénégal Émergent (PSE) qui jusque-là n'a fait l'objet d'aucune analyse critique sérieuse. Le Sénégal est face à un défi, le défi de son émergence, un défi qu'il compte relever avec tous ses fils. Ce défi qui mobilise aujourd'hui tout le monde doit nous pousser à proposer de nouveaux chemins et à animer un débat nécessaire et incontournable dans tout processus d'émergence.
(Harmattan Sénégal, 27.00 euros, 276 p.)
ISBN : 978-2-343-09721-3, ISBN EBOOK : 978-2-14-002372-9

SÉNÉGAL
Dynamiques paysannes et souveraineté alimentaire
Le procès de production, la tenue foncère et la naissance d'un mouvement paysan
Diop Amadou Makhouredia
Préface d'Yves Guillermou ; Postface de Fodé Niang
Le présent ouvrage contribue à la compréhension des stratégies développées par la petite paysannerie et les dynamiques qui animent les exploitations agricoles familiales permettant la production de biens nécessaires à l'alimentation et l'entretien des familles. La capacité des paysans à prendre en main leurs propres préoccupations a été mise en évidence par l'émergence d'organisations, de groupements, d'associations et d'unions dans tout l'espace rural sénégalais.
(Harmattan Sénégal, 26.00 euros, 256 p.)
ISBN : 978-2-343-10852-0, ISBN EBOOK : 978-2-14-002457-3

HISTOIRE ET SOCIOLOGIE DES RELIGIONS AU SÉNÉGAL
Tamba Moustapha
Le Sénégal reste une exception dans le domaine religieux : 90 % de musulmans, 5 % de chrétiens et 5 % d'adeptes de l'animisme. C'est aussi le pays où les musulmans et les catholiques partagent le même cimetière, où les conjoints partagent des religions différentes, où les écoles privées catholiques comptent 60 à 70 % d'élèves de confession musulmane, etc. Ce phénomène n'est pas dû au hasard. L'histoire et la sociologie des religions permettent de l'expliquer amplement. Cet ouvrage souligne cette exception sénégalaise pour montrer qu'au moment où notre monde est en proie au fanatisme, à l'intolérance et au terrorisme religieux, le Sénégal propose un autre « modèle ».
(Coll. Études africaines, série Economie, 41.00 euros, 426 p.)
ISBN : 978-2-343-10424-9, ISBN EBOOK : 978-2-14-002506-8

FIGURES DU POLITIQUE ET DE L'INTELLECTUEL AU SÉNÉGAL
L.S. Senghor - M. Dia - A. Ly - CH. A. Diop A. Diouf & F. Mitterrand - J.R. De Benoist - A. Seck - TH. Fall - A. M. Samb - A.M. Samb JR - TH. Monod - H. Bocoum - G. R. Thilmans
Samb Djibril
Cet ouvrage réunit des personnalités politiques et/ou intellectuelles très diverses : Léopold Sédar Senghor, l'Immortel Noir ; Mamadou Dia, le brillant économiste ; François Mitterrand et Abdou Diouf, deux experts politiques, ou encore Théodore Monod, le savant probe. Ces figures sont autant de coryphées auxquels l'auteur a voulu rendre hommage, afin de rappeler que la terre africaine du Sénégal ne manque pas de princes de l'esprit ni de nourriture intellectuelle.
(26.00 euros, 266 p.)
ISBN : 978-2-343-10731-8, ISBN EBOOK : 978-2-14-002513-6

www.ingramcontent.com/pod-product-compliance
Lightning Source LLC
LaVergne TN
LVHW021224061026
849535LV00008B/2908
* 9 7 8 2 3 4 3 1 2 2 4 0 3 *